가르치지 않아야 크게 자란다

Yoshii Masato Coaching-Ron Oshienaikara Wakate ga Sodatsu
© Masato Yoshii 2018 All rights reserved.
Originally published in Japan in 2018 by TOKUMA SHOTEN PUBLISHING CO.,LTD., Tokyo. Korean translation rights arranged with TOKUMA SHOTEN PUBLISHING CO.,LTD. through Korea Copyright Center (KCC).

構成：佐藤恭輔 Kyosuke Sato

이 책은 (주)한국저작권센터(KCC)를 통한 저작권자와의 독점계약으로
코치라운드에서 출간되었습니다.
저작권법에 의해 한국 내에서 보호를 받는 저작물이므로 무단전재와 복제를 금합니다.

강요하지도 내버려 두지도 않는 코칭

코치라운드

가르치지 않아야 크게 자란다

오타니, 다르빗슈, 사사키의 코치
요시이 마사토의 코칭론

요시이 마사토 지음 / 김대현 옮김

추천의 글

/

제가 이 책 『요시이 마사토의 코칭론』을 읽은 것은 2018년 여름이었습니다. 일본 후쿠오카의 하카타역에 있는 한 서점에 꽂혀있는 마사토 감독의 책이 눈에 들어왔습니다. 일본에서 지내고 있던 후배에게 책의 제목이 무엇인지 알려 달라고 하니 '가르치지 않으니까 젊은 선수들이 자란다' 라고 하더군요.

순간 무슨 내용일까 하는 궁금증이 일어났습니다. 조금만 더 책의 내용을 옮겨달라고 해서 듣다 보니 이 책을 꼭 끝까지 읽어봐야겠다는 생각이 들었습니다. 후배에게 바로 번역을 부탁해서 책에 어떤 메시지가 담겨 있는지 들여다 보았습니다. 혼자 보기에는 아까운 너무나 좋은 내용으로 가득했습니다. 우리나라에서는 접해본 적이 없는 내용들이 많았습니다. 책의 내용을 참고해서 실제로 선수 코칭에 활용해 보았고 코치 생활을 하면서 많은 도움을 받았습니다. 특히 이 책은 저에게 코치로서 많은 생각을 할 수 있게 도와주는 교과서였습니다. 2019년에 NC 다이노스의 감독으로 선임되자마자 이 책을 코칭 스텝들에게 나누어 주기도 했습니다.

요시이 마사토가 겪은 일본과 미국에서의 프로야구 생활과 프로야구 코치로서의 경험, 그리고 츠쿠바 대학원에서 공부하면서 느낀 생각들이 책 속에 펼쳐져 있습니다. 선수들이 자신의 재능과 강점을 이해하도록 돕고 싶은 코치, 선수 스스로 학습할 수 있도록 도와주고 싶은 코치, 선수가 자신의 잠재력을 최대한 발휘할 수 있도록 도와주고 싶은 코치라면 꼭 한번 읽어봐야 하는 지침서라고 생각합니다.

제가 많은 코치분들께 소개하고 싶었던 이 책이 한국에서 출판된 것을 진심으로 축하합니다. 많은 분들이 이 책을 통해 발전할 수 있는 계기가 되었으면 합니다.

— **이동욱** (전) NC 다이노스 감독

/

제목부터 흥미롭고 독특한 요시이 마사토 감독의 책은 야구뿐만 아니라 다양한 스포츠의 코칭과 선수육성에 대해 새로운 시각을 제시합니다. 그동안 우리가 당연시하던 '잘 가르쳐서 성장시킨다'는 상식과 믿음을 다시 고민해 보게 만듭니다. 역설적이면서도 납득할 수 있는 인상적인 메시지를 담고 있습니다.

서문에서는 마사토 감독이 주장하는 '강요하지 않고 내버려 두지 않는 코칭'이 무엇인지 그 깊은 내용을 확인할 수 있습니다. 강요와 강압에 의존하는 지도는 어떤 분야에서도 도움이 되지 않으며, 스포츠에서는 더욱 그러하다는 것을 이해하기 쉽게 설명하고 있습니다. 부족한 점을 지적하는 것이 아니라 선수가 스스로를 돌아보는 과정을 통해 스스로 느끼고 배워나가는 기회를 주는 것이 진정한 코칭이라는 점을 이 책을 통해 배울 수 있습니다.

이 책은 스포츠의 관점뿐만 아니라 인간관계의 발전과 성장에 대해 생각해 볼 기회를 제공하는 귀중한 자료입니다. 모든 스포츠 코치와 선수, 그리고 발전과 성장을 꿈꾸는 모든 사람들에게 꼭 추천하고 싶습니다.

– **장혁기** 한국스포츠코칭학회 회장 / 서울여자대학교 스포츠운동과학과 교수

/

우리는 일본 야구에 대해, 그리고 일본 야구가 강해진 이유에 대해 얼마나 알고 있을까요? '한국인 NPB리거'가 사라진 지금, 아직도 '나고야의 태양'과 '요미우리 4번타자' 시대의 기억만 남아있는 것은 아닐까요? 10년 넘게 한국 야구를 취재하면서 느낀 솔직한 감상은 '그렇다'입니다. WBC가 한국의 실패, 일본의 우승으로 끝난 뒤에도 여전히 다르지 않다고 느낍니다. 우리는 일본 야구를 잘 안다고

생각했지만 사실은 몰랐습니다. 더 알려고 하지도 않았습니다.

요시이 마사토 감독은 대표팀 투수코치로 일본의 WBC 우승을 도왔고, 지바 롯데 감독으로 하위권에 있던 팀을 우승 경쟁으로 이끈 지도자입니다. 일본에서는 '공부하는 지도자'의 대표주자로 통합니다. 달라진 일본 야구를 설명할 수 있는 좋은 본보기인 요시이 감독은 이 책에서 무심하게 돌아봅니다. "은퇴해도 코치만은 되지 말아야겠다고 생각했다"고. "화가 나서 감독실 책상을 뒤엎은 적도 있다"고.

그런 요시이 감독이 지도자가 되고, '우승 청부사'로 인정받은 배경과 노하우를 엿볼 수 있다는 기대감으로 책을 폈습니다. 그리고 조용히 잊힌 유망주들을 떠올리며 책을 덮었습니다. 요시이 감독이 코치를 하지 않겠다고 결심하게 된 이유는 한국 야구의 문제와도 다르지 않습니다. 자신의 성공 사례에만 의존해 선수가 이해하지 못하는 일방통행 코칭, 구태와 악습을 반복하는 지도자들, 그렇게 '혼나지 않는 야구'를 하게 만드는 야구 문화.

안타까운 마음 한편에는, 문제의 원인이 같다면 비슷한 방법으로 해결할 수 있지 않을까 하는 기대가 생깁니다. 또 다른 요시이 감독이 한국에 필요하다고 느낍니다. 이 책이 한국 야구에도 좋은 자극이 되기를 바랍니다.

— **신원철** 스포티비뉴스 기자

/

이 책은 코치가 아는 것을 선수에게 전달하는 것보다 선수에게 물음표를 던져주는 것이 더 중요하다고 말하고 있습니다. 코치의 일방적인 주입식 지도가 아니라 선수들이 자기주도적인 연습을 하도록 어떻게 이끌 것인지 소개하고 있습니다.

    코치 생활을 하며 나름대로 공부를 해왔지만 늘 부족하다는 느낌과 더 나은 교육에 대한 갈망이 있었습니다. 미국에서 진행되는 교육도 받아보며 그러한 갈증을 채워 나가고자 노력했지만 어쩐지 제 안에는 공허한 느낌이 사라지지 않았습니다. 채워지지 않는 의문들이 계속 올라오곤 했습니다. 이 책을 읽으며 무언가 채워지지 않던, 갈망하던 무언가가 채워지는 기분을 느꼈습니다. 저와 같은 고민을 안고 계신 코치분들께 요시이 마사토 감독의 책을 추천합니다.

- 진종길 NC 다이노스 코치

/

요시이 마사토가 전하는 스포츠 코칭에 관한 메시지는 코치들에게 던지는 묵직한 돌직구다. 지금 우리 코치들은 코치의 역할과 관련해 혼란에 빠져있다. 스포츠 코칭의 사춘기를 마주하고 있는 코치들에게 이 책은 가뭄의 단비와 같다. 요시이 마사토의 생생한 경험담으로 가득 차있는 코칭 이야기는 첫 장부터 마지막 장까지 심장을 뛰게 만든다. 만약 당신이 현재에 안주하지 않고 역동적으로 변화하는 코치가 되고자 한다면 당장 이 책을 읽어보길 권한다.

- **강호석** 스쿼시 국가대표팀 감독 / 국가대표 지도자협의회 부회장

/

아이들을 지도하면서 티칭과 코칭 사이에서 고민하고 걱정했던 부분들이 이 책을 통해 해소되는 느낌이었습니다. 알고 있는 지식을 가르치는 것에 국한하지 않고 스스로 생각하는 힘을 길러 주고 문제를 해결하기 위한 습관을 만들 수 있도록 도움을 주는 것이 유소년 지도자의 역할이라고 생각합니다. 욕심만 가지고 처음부터 끝까지 완벽한 모습을 기대하며 실수를 용납하지 않는 지도보다 아이들이 스스로 생각하고 해결해 나가는 창의력과 자립심을 키워주는 지도를 해야겠다고 이 책을 읽으며 다시금 되새겼습니다.

 일본 야구와 메이저리그를 두루 경험하고 현재는 일본 프로야구팀의 감독을 맡고 있는 요시이 마사토씨의 코칭 철학은 프로야구 선수 뿐만 아니라 유소년 선수들을 지도하는 데에도 좋은 본보기가 되리라 생각합니다. 책의 내용 중 "코치가 지식을 쌓는 이유가 답을 알려주기 위해서가 아니라 선수 스스로 답을 찾기 위한 힌트를

주기 위해서다"라는 말이 특히 인상 깊었습니다. 제가 만나는 아이들이 스스로 답을 찾아 나갈 수 있도록 많은 힌트를 주는 지도자로 성장하고 싶습니다.

- **맹일혁** 일산백마초등학교 야구부 감독

/

책을 읽으며 지난 20여 년간 선수들을 지도했던 경험들이 다시 생생하게 떠오르는 것 같았습니다. 요시이 마사토 감독의 책은 미래의 지도자가 어떻게 시간을 보내야 하는지 명확한 교훈을 제공해 줍니다. 스포츠 코칭의 본질적 가치와 접근 방식에 대해 현명한 통찰력을 전달합니다.

저자는 코치와 선수 사이의 상호 존중과 대등한 관계의 중요성을 강조합니다. 또한 저자는 선수가 주도적으로 생각하고 문제를 해결할 수 있는 능력을 기르도록 하는 것이 코치의 역할이라고 말합니다. 이를 위해 의사소통의 중요성을 강조하고 있습니다. 코치의 태도, 말투, 행동이 선수와의 신뢰를 형성할 수도, 파괴할 수도 있다는 것을 분명하게 이해시켜 줍니다. 각 선수의 성향과 특성을 고려하여 적절한 의사소통과 접근 방식을 선택하는 것이 중요하다는 점을 강조하며, 각각의 선수가 가지고 있는 다양한 성격과 감정을 이해하고 그에 맞는 지도 방법을 찾아야 한다는 메시지를 구체적인 사례를 통해 전달합니다. 코치와 선수 사이의 경계를 극복하여 협력적인 환경을 만들어야 한다는 그의 주장은 오랜 지도자 생활 동안 제가 느꼈던 교훈과 부합합니다.

이 책은 또한 스포츠 코칭뿐만 아니라 인간관계와 리더십에 대해서도 중요한 교훈을 제시하고 있습니다. 실제 현장에서 겪은 저자의 사례들을 통해 이해하기 쉽고 실용적인 가르침을 제공합니다. 지도자들이 빠질 수 있는 일반적인 실수들을 피할 수 있는 방법도 제시하고 있습니다.

모든 지도자들, 입문 과정에 있는 지도자부터 숙련된 지도자까지 모두 읽어야 할 필수 도서라고 생각합니다. 스포츠 뿐만 아니라 다양한 분야에서 리더로서의 역할을 고민하는 분들에게 귀중한 인사이트를 제공하는 명작입니다.

— **손승리** IBK 그랜드슬램 테니스 주니어 육성팀 감독

/

한 장 한 장 허투루 읽어나갈 수가 없었다. 마사토 감독이 이야기하는 내용들을 나의 경험에 빗대어 때로는 공감하고 때로는 깊이 돌아보며 읽었다. 첫 페이지부터 내가 했던 많은 코칭의 실수들이 떠올랐다. 나 역시 처음 코치 생활을 시작했을 때는 선수 시절의

경험만으로도 충분히 좋은 코치가 될 수 있을거라 생각했다. 마사토 감독이 고백한 것처럼 나 역시 여러 벽에 부딪히며 그런 생각은 착각임을 금방 깨달았다. 이 책을 우리 코치들이 접한다면 나와 같은 실수를 많이 줄일 수 있으리라 확신한다.

  이 책은 선수가 스스로 생각하고 주도적으로 문제를 찾는 힘을 키우기 위해 코치가 무엇을 해야 하는지 힌트를 준다. 구체적으로 나는 경기 다음 날에 경기 내용을 되돌아보는 시간을 선수와 지도자가 함께 가진다는 아이디어와 그 세심한 방식들이 너무 좋았다. 또한 나의 경험과 생각으로만 접근하면 위험하다는 점을 다시금 인식했다. 선수의 느낌과 감각을 직접 들어보려는 자세를 놓치지 말아야하며 기술적 코칭만큼이나 선수와의 대화, 질문이 중요하다는 점을 이해할 수 있었다. 야구에 종사하는 많은 분들, 특히 지도자분들이 이 책을 꼭 읽어보고 한국 야구가 한층 더 도약할 수 있도록 디딤돌 역할을 해주셨으면 하는 바램이다.

— **이대수** SSG 랜더스 퓨쳐스팀 총괄코치

/

항상 생각했다. 왜 내가 선수 생활을 할 때는 이런 지도를 받지 못했을까? 생각할 수록 아쉽고 지금 선수들이 부럽기만 했다. 그러나 이 책을 읽으면서 하나의 생각이 스쳐 지나갔다. 좋은 지도자가 될 수 있게 이러한 정보를 받을 수 있는 좋은 세상이잖아! 다행이지!

　지도자와 선수 모두 자기객관화가 중요하다는 점을 배울 수 있었다. 선수가 스스로 느끼고 변화할 수 있게 도와주는 게 지도자의 역할이라는 점도 다시 한번 깨달았다. 눈에 보이는 단점도 인내심있게 지켜보는 태도! 단점보다 장점을 찾아주기 위한 노력! 과정이 고달플 수 있다는 것을 알려주면서 한편으로는 함께 의지하며 노력해 나가는 것! 강요와 주입이 아닌 응원과 사랑! 책을 읽으며 떠오른 생각들이다.

　아이들은 운동을 하며 건강한 어른으로 성장하기 위한 많은 것들을 배운다. 어린 선수들의 생각과 감정들은 지도자의 말과 행동에 크게 영향을 받는다. 인격과 자아 형성에 지도자들이 미치는 영향은 이루 말할 수 없다. 우리 유소년 스포츠는 단체생활의 억압과 규율로 어린 선수들을 통제하는 관행이 남아 있다. 그런 환경 속에서 아이들은 남에게 (특히 어른들에게) 항상 좋은 모습으로만 비춰지려 노력하는 인정 욕구가 마음 깊숙한 곳에 크게 자리잡게 된다. 누구와도 관계없이 스스로 발전하기 위해 노력하기보다 남에게 인정을 받기 위해 열심히 노력하는 아이들, 그리고 스스로 생각하고 판단하는 기회가 주어지기 보다 계속되는 지시와 가르침 속에서 잠재력이 더이상 발전하지 못하는 우리의 스포츠 교육을 떠올리며 변화를 만드는 것은 지금 나처럼 현장에서 어린 선수들과 땀흘리고 있는 지도자들이라는 점을 이 책을 읽으며 다시금 깨닫게 된다.

— **양윤희** 광주서석초등학교 야구부 감독

/

"Don't overteach!" 우리나라 코치들이 미국에서 코치 연수를 할 때 가장 많이 듣는 말 가운데 하나다. 과거에는 기술이나 요령 등을 선수 머릿속에 꾹꾹 집어넣는 주입식 지도, 즉 티칭(teaching)이 일반적이었다. 티칭은 코치가 선수에게 일일이 모든 것을 지시하고 가르치다 보니 연습의 질보다 양을 중요하게 여길 수밖에 없다. 분명히 티칭은 짧은 시간에 큰 효과를 볼 수 있는 장점이 있다. 하지만 선수의 육성이나 기량 향상은 100m를 뛰는 단거리가 아니라 마라톤과 같다. 그렇기에 선수가 일정 수준에 도달한 뒤로는 스스로 깨닫고, 스스로 나아갈 수 있는 토대를 만들어주는 게 중요하다. 그것이 코칭이다. 답을 알려주는 게 아닌 그 답을 찾아가는 길(원리)을 설명하는 것이고, 선수 스스로 그 답을 찾아가게 도와주는 것이다. 이 책 역시 지도자에게 필요한 것은 인내하면서 선수를 지켜볼 수 있는 여유와 자세라는 것을 알려준다.

— **손윤** 야반도주 운영자

/

야구뿐만 아니라 어느 종목의 코치든 도움이 되는 내용으로 가득 차 있습니다. 코치가 계속해서 공부를 하고, 그렇게 공부한 것들을 자신만의 스타일로 만들어서 선수에게 전달하는 과정이 얼마나 힘든 지를 알기에 더욱 더 공감할 수 있는 부분이 많았습니다. 지도자로서의 삶에 방향성을 찾고자 하는 분이 읽으시면 큰 도움이 되리라 생각합니다. 저 역시 스스로를 돌아보고 새로운것들을 계속해서 공부해 나가면서 바뀌는 트렌드에 맞춰 선수를 도와야겠다는 다짐을 새롭게 한 책이었습니다.

— **김윤태** LA 다저스 스카우트

차례

추천의글   004

서문 /   강요하지도 내버려 두지도 않는 코칭   019

1장 /   부족한 점을 지적하는 것은 코칭이 아니다   029

코치와 선수는 대등한 관계 / 선수와 대화할 때는 서있는 자세도 신경을 쓴다 / 신인 선수는 하고 싶은 대로 하도록 놔두는 이유 / 코치의 간섭으로 엉망이 되어버린 나의 신인 시절 / 노무라의 데이터 야구와 노트에 담긴 진정한 의미

2장 /   스스로 생각하는 힘을 키우는 '되돌아보기' 코칭   047

'다음에는 잘 해야지' 같은 다짐은 의미가 없다 / 가르치기만 하면 지시를 기다리는 게 습관이 된다 / 선수가 언제든 찾을 수 있는 도서관 / 대화를 녹음해 나의 코칭을 되돌아본다 / 되돌아보기는 긍정적인 면부터! / 인터뷰는 스스로를 돌아볼 수 있는 좋은 기회 / 일기는 3인칭으로

3장 /   눈앞의 승패에 연연하지 않으려면 구체적인 전략이 필요하다   069

감독에게 입을 다물고 있으면 안 된다 / 실수에 화를 내는 것은 쓸데없는 행동 / 허샤이저로부터 배운 '소리 지르기' / 한 경기의 철저한 준비가 시즌을 망치게 할 수 있다 / 많이 던져야 몸이 풀린다는 생각을 버리자 / '일단 몸풀기'는 이제 그만! / 왼손타자를 꼭 왼손투수로 상대할 필요는 없다 / 멀티 이닝을 던져도 되는 투수의 특성 / 1점 차로 지고 있을 때 어떤 선수를 올려야 할까?

4장 / 개인이 먼저고 그 다음이 팀이다 099

최고의 팀워크는 선수의 개성으로부터 나온다 / 평균을 따라가려다 강점을 잃어버린다 / 단점이 아니라 개성일 수 있다 / 데이터를 있는 그대로 선수에게 전달하지 않는다 / 어떻게든 연습을 많이 하면 좋다는 생각을 버려라 / 자율훈련은 가급적 혼자서 / 과감하게 연습을 그만두곤 했던 다르빗슈 / 몸이 준비되지 않으면 습득할 수 없는 기술도 있다

5장 / 코치의 작은 관심이 선수의 경기력을 높인다 129

선수의 감각은 실제와 다르다 / 나만의 심플한 체크 포인트를 만들어라 / 자신의 상태를 말로 분명하게 표현하는 연습 / 완벽한 피칭을 상상할 수록 실제 경기는 힘들어진다 / 자신보다 상대에 집중하는 게 더 쉽다 / 시시한 이야기로 주의를 돌린다 / 가끔은 선수에게 어떻게 해야 할 지 묻자 / 긴장은 없애는 것이 아니라 이용하는 것

6장 / 코치의 말은 양날의 검 159

문제를 전달하는 방식이 내용만큼이나 중요하다 / 나의 고정관념으로 선수를 어려움에 빠뜨린 기억들 / 다르빗슈의 수준 높은 질문이 나를 발전시켰다 / 하기 싫은 말이라도 돌리지 말고 솔직하게 / 나를 분발하게 만든 감독님의 한마디

7장 / 오타니 상식에 질문을 던지는 선수 179

새로운 환경에 적응하는 게 관건이다 / 오타니 같은 선수는 방해하지 않는 것을 기본으로! / 그는 차원이 다른 선수가 되어 있을 것이다

8장 / 오래된 상식들을 의심하자 193

선수가 어릴수록 말을 조심해서 / 혼나지 않으려고 열심히 하게 되면 / 코치들의 교류가 야구를 발전시킨다 / 과학이 상식을 새로 만들고 있다 / 코치라는 직업의 딜레마

서론

강요하지도
내버려 두지도 않는
코칭

'은퇴해도 코치만은 되지 말아야겠다.'

일본에서 선수 생활을 할 때 감독, 코치와 부딪히는 일이 많았다. 결과만 보고 제멋대로 말하면서 선수를 방해하기만 하는 존재가 코치라는 것이 나의 솔직한 심정이었다. 하지만 야구 쪽으로 할 수 있는 다른 일이 딱히 없었기에 일단 한번 해보자는 마음으로 코치의 세계에 들어섰다. 어느덧 여덟 시즌을 보냈고, 리그 우승을 네 번 했으며, 일본시리즈 우승도 두 번 경험하였다.

지금은 이렇게 내 나름대로 정립한 코칭 방식에 대해서 말하려고 하고 있지만 처음 코치를 맡았을 때는 어떻게 해야 좋을지 정말 아는 게 없었다. 일본의 퍼시픽리그와 센트럴리그, 그리고 미국의 메이저리그를 포함해 7개의 구단을 옮겨 다니면서 42살까지 공을 던졌다. 선발, 마무리, 중간계투도 두루두루 경험했다. 그 시간 동안 많은 감독과 코치들을 만났다. 왠만한 선수와 비교해도 선수로서의 경험은 풍부하다고 생각한다. 하지만 선수를 코칭하는 일은 전혀 다른 문제였다.

선수 시절에는 나의 성장만 생각하면 됐다. 하지만 코치는 다르다. 던지는 동작은 물론이고 나이도 다르고 성격도 전혀 다른 여러 선수들을 상대해야 한다. 선수 각각에 맞는 코칭이 필요했다. 내가 하는 말이 맞는 조언인지 스스로 반신반의한 적이 많았다. 나의 말에 자신이 없었다. 실제로 나의 조언이 좋지 않게 작용한 적도 있었다.

선수로서의 경험에만 의존해 가르쳐서는 한계가 있다고 생각했다. 코칭을 전문적으로 공부해야겠다고 느껴서 니혼햄 파이터스의 투수코치를 그만두고 2014년에 쓰쿠바대학교 대학원의 문을 두드렸다. 그때 2년 동안 배운 것들은 이후에 코치 생활을 해나가는 데 정말 큰 도움이 되었다.

전공은 체육학이었지만 야구뿐만 아니라 다른 종목의 코칭 방식도 들여다볼 수 있었다. 심리와 신체의 구조에 대해서도 새롭게 바라보는 계기가 되었다. 신체의 부위에 따라 근육이 움직이는 방식 등 여러 방면에 걸쳐 공부할 수 있었다. 본격적으로 공부를 한 건 고등학교를 졸업하고 나서는 처음이라 주변의 도움을 많이 받았다. 스무 살 가까이 어린 동급생에게 파워포인트를 쓰는 법을 배우면서 기를 쓰고 수업을 쫓아갔다.

대학원 2년차 때는 소프트뱅크 호크스의 투수코치도 함께 하면서 공부를 계속했다. 스포츠과학 이론을 배워서 지식을 쌓았고, 나의 경험이 선수들에게 응용할 수 있는 부분이 많다는 것을 이론적으로도 뒷받침할 수 있어서 코칭에 확신을 가지게 된 시기였다.

이 책은 나의 코치 인생에서 '지금'에 해당한다. 지금 내가 선수 코칭에 대해 생각하고 있는 것들과 실제로 하고 있는 방법들을 정리해 보았다. 물론 여전히 시행착오를 계속하면서 적합한 코칭 방법을 하나씩 찾아가고 있다. 지금은 이렇지만 앞으로는 또 어떻게 변할 지 모른다.

'선수가 주인공이다.'

내가 하는 코칭의 바탕이 되는 생각이다. 덧붙이자면 아래의 내용 정도가 추가될 수 있을 것이다.

'선수가 가지고 있는 생각을 존중하고 방해가 될 만한 짓은 하지 않는다. 신체적으로나 정신적으로 기분 좋게 마운드에 올라 갈 수 있는 환경을 만드는 일에 주력한다.'

일본 야구에서는 지금도 "이렇게 해! 저렇게 해!" 하면서 선수에게 일방적으로 명령할 때가 많다. 반대로 미국은 좋게 말하면 선수에게 맡기고, 나쁘게 말하면 내버려 두는 문화다. 나의 코칭 방식은 어느 쪽도 아니다. 나는 우선 선수와 이야기를 나누는 것을 중요하게 생각한다. 코칭을 하는 모든 순간에 선수와 나누는 대화는 나에게 가장 중요한 시간이다.

특히 아직 뚜렷한 성적을 내지 못한 젊은 선수일 수록 적극적으로 다가가 대화를 나눈다. 스스로 문제를 해결할 수 있는 힘을 기르게 하는 것이 대화의 목적이다. 선수 스스로 생각하는 힘을 기르기 위해서라고 말해도 좋다. 스스로 생각하고 문제를 해결하는 능력! 프로 중에서도 일부 특급 선수들만이 이런 능력을 가지고 있다. 내가 이런 말을 하면 의아해할 수도 있지만 프로에서도 자신에 대해서 잘 모르거나 잘못 알고 있는 선수들이 제법 많다. 객관적인 관점에서 자신을 바라보고 분석하는 일은 의식하지 않으면 하기가 어렵다.

자신을 객관적으로 바라보고 분석하는 능력도 연습으로 만들어지는 습관이고 기술이다.

선수가 지니고 있는 문제가 무엇인지, 어떻게 하면 문제에서 벗어날 수 있는지, 선수의 장점을 살릴 수 있는 방법은 무엇인지 알고 있어도 일부러 나의 생각을 말하지 않는다. 대화를 계속 나누면서 선수 스스로 알아차리게 하고 싶기 때문이다. 선수가 자신의 몸과 마음의 상태를 말로 설명할 수 있으면 과제를 극복하는데 무엇이 필요한지가 스스로 명확해진다. 자신이 변화의 주체가 되어 문제를 해결하기 위해 자발적으로 노력하게 된다. 나는 선수가 이런 습관을 가질 수 있도록 돕는 것이 코칭이라고 생각한다. 바로 알려주면 코치도 편하다. 이렇게 대화를 통해 일깨우는 방식은 어쩌면 멀리 돌아가는 방법일지 모른다. 하지만 선수로서 오래 좋은 성적을 내기 위해서는 반드시 필요한 습관이라고 생각한다.

프로야구의 세계는 이 분야에서 최고의 선수들이 모이는 엘리트 집단이다. 아마추어에서는 돋보였던 선수일지라도 대부분은 쟁쟁한 선수들과 경쟁하며 금방 벽에 부딪히게 된다. 그럴 때 코치는 이런저런 지도를 하게 된다. 하지만 선수들은 제각각 다른 성장 과정과 배경을 가지고 있다. 선수마다 가지고 있는 생각도 다르다. 코치의 말이 그 선수에게 맞는 조언인지 알기가 무척 어렵다. 또한 코치의 말은 표현이나 뉘앙스의 차이로 선수가 잘못 받아들일 가능성이 늘 존재한다.

때로는 코치가 제공한 조언이나 연습이 맞아 떨어져서 단번에 비약적으로 발전하는 일도 생긴다. 하지만 그런 운명적인 만남은 흔치 않은 것이 현실이다.

게다가 해고를 당하거나 다른 팀으로 가거나 하면서 코치는 늘 바뀐다. 그럴 때마다 코치를 따라 팀을 옮길 수도 없다. 무엇보다 경기장에 들어서면 선수는 언제나 혼자서 상대와 맞붙어야 한다. 공을 던질 때마다 코치에게 의지할 수는 없다. 고독한 마운드에서 마지막으로 기댈 수 있는 존재는 언제나 자신 밖에 없다. 책임을 지는 것은 결국 선수 자신이다. 성적이 안 좋으면 방출 당하는 것도 선수 자신이다. 그렇기에 선수가 스스로 문제를 찾고 해결해야 한다.

 '객관적으로 자신을 바라보고, 무엇이 좋았고 무엇이 안 좋았는지를 분석하여 다음 경기에 활용한다.'

 선수의 머리가 이렇게 돌아가도록 훈련시키는 것이 코치로서 내가 할 일이다. 선수가 자기 자신에 대해 알아차리는 경험을 반복해서 제공해 주려고 한다. 이를 위해 선수 개개인의 성격과 입장, 상황 등을 고려해 이야기를 나눈다. 신인과 중견, 베테랑 선수들을 각각에 맞추어서 대하려고 노력한다. 선수로서뿐만 아니라 인간적으로 성장하는 모습도 눈여겨보면서 소통해 나간다.

 선수가 스스로 생각하고, 스스로 과제를 극복해 나가는 습관을 만들면 은퇴하고 나서도 도움이 될 것이다. 고등학교를 졸업하고 프로에 들어와서 5년 만에 방출되면, 사회에서 보면 대학을 막 졸업한 사람과 별 차이 없는 나이다. 설령 운이 좋아 40살까지 선수로 뛰었다고 하더라도 인생은 아직 전환점 정도에 불과하다. 방송 해설자나 프로팀의 코치나 직원이 되는 사람은 한정되어 있다. 회사원이 되든지, 자영업을 하든지, 아마추어 야구 지도자가 되든지, 은퇴한 선수는 일반 사회 속에서 오랜 시간을 보내야 한다. 선수 생활을 하며 주도적으로 사고하는 습관을 익혀 놓으면 무슨 일을 하든 큰 자산이 될 거라 생각한다.

> 알고 있어도 일부러 말하지 않는다.
> 대화를 통해 선수 스스로 알아차려야
> 생각하는 힘이 생기기 때문이다.

   지금은 중고등학생도 스마트폰을 사용하는 게 당연한 시대가 되었다. 내가 선수로 뛸 때와 비교해 보면 좋은 정보를 보다 쉽게 얻을 수 있다. 알고 싶은 것을 인터넷에서 검색하면 무엇이든 찾아 준다. 일본 프로야구나 메이저리그의 유명한 투수들이 공을 던지는 영상을 바로 찾아볼 수 있다. 나의 피칭 동작을 보고 싶으면 스마트폰으로 찍어 그 자리에서 확인할 수 있다. TV 중계에서는 투수가 던진 공의 회전수나 회전축까지 알려준다. 한편으로는 넘쳐나는 정보 속에서 혼란에 빠질 때도 있다. 취사선택하는 능력이 필요한 것은 비단 야구계에 국한된 이야기는 아닐 것이다.

   SNS가 발달하며 의사소통 방법도 다양해졌다. 그런 만큼 얼굴을 마주 보면서 주고받는 대화는 오히려 서툴러졌는지도 모르겠다. 요즘 젊은 선수들은 감정을 잘 드러내지 않는다고 해야 할까, 무슨 생각을 하고 있는지 알 수 없는 경우가 많다. 그렇기 때문에 내가 전하고자 하는 메시지가 제대로 전달되었는지를 확인하기 위해서라도 선수와 마주 보고 하는 대화는 코칭에서 빼놓을 수 없는 부분이다.

　야구팀을 회사나 조직으로 본다면 나는 중간관리직 정도에 해당한다. 선수는 부하직원이라고 할 수도 있을 것이다. 하지만 인간으로서 위아래가 있다는 의미는 아니다. 팀이 성공하기 위하여 같이 노력하는 동료가 코치와 선수 관계다. 그렇기 때문에 지도하는 쪽과 지도를 받는 쪽 다 같이 자신의 생각을 말하는 것이 중요하다. 대화가 잘 되는지 여부에 따라 팀의 미래가 크게 바뀐다. 야구팬과 선수, 지도자는 물론이고 야구를 경험하지 않은 회사원이나 경영자 분들께 이 책이 조금이나마 도움이 되었으면 하는 바램이다.

1장

부족한 점을 지적하는 것은 코칭이 아니다

코치와 선수는 대등한 관계

회사에 막 들어왔는데 상사가 이유도 묻지 않고 자신의 결점이나 잘못한 것만 지적하면 기분이 좋을 리가 없다. '나에 대해 아무것도 모르면서' 하는 생각이 들며 화가 날 것이다. 우리 스포츠 문화에서는 지도자가 선수보다 아주 우월한 위치에 있다. 중고등학교나 대학교의 감독은 대부분 나이가 많은 연장자들이다. 선수의 부모나 심지어 할아버지와 비슷한 나이인 감독도 있다. 물론 프로스포츠의 감독, 코치들도 대체로 나이가 지긋하신 분들이 많다. 미식축구(NFL)에는 30대 초반의 나이로 감독이 되는 경우도 있다고 하는데, 일본에서 그러한 사례는 거의 들어본 적이 없다. 일본은 연장자를 공경하는 문화가 강해서 나이가 많은 지도자를 선수보다 위에 있는 존재로 여기곤 하는데 어떻게 보면 자연스러운 일이기는 하다.

하지만 나는 코치로서 그런 상하관계에 무게를 두지 않는다. 서문에서 말했듯이 내가 하는 코칭의 근본적인 목적은 선수가 스스로 생각하고 주도적으로 과제를 해결하는 습관을 만드는 것이다. 그러기 위해서는 의사소통이 중요한데, 단순히 대화가 중요하다고 입버릇처럼 말할 게 아니라 '어떻게 의사소통을 할지'에 대해 코치는 깊게 고민해야 한다.

부족한 점을 지적하고 나서 "이렇게 해!" 하고 명령하는 방식으로는 스스로 생각하고 과제를 해결하는 습관을 만들기 어렵다. 대화를 통해 생각을 주고받는 과정 속에서 선수 자신이 문제를 찾아내고, 어떻게 개선할지 스스로 생각하도록 해야 한다.

그러려면 우선 서로 터놓고 이야기할 수 있는 관계를 만들어야 한다. 그라운드에 있을 때는 서로가 대등한 관계라는 인식이 중요하다. 코치와 마찬가지로 선수도 구단이 고용한 사람이다. 각자가 프로이자 개인사업자로 누가 위에 있고 누가 밑에 있다고 말할 수 없다. 다만 경기장을 떠나서 코치와 선수가 아닐 때는 보통의 선배처럼 행동하려고 한다. 같이 밥을 먹으러 가면 밥값은 물론 내가 낸다. 특정 선수들만 불러서 밥을 먹으러 가지는 않는다. 모두에게 식사를 하러 가자고 권하고, 가고 싶다고 하는 선수만 데리고 간다.

선수와의 관계가 어긋나서 신뢰가 생기지 않으면 코치가 무슨 말을 해도 선수는 쉽게 받아들이지 않는다. 선수가 귀와 입을 닫고 있으면 무슨 생각을 하고 있는지 알 수가 없기 때문에 코칭을 하기가 무척 어려워진다. 하지만 코치에 대한 믿음이 강하면 코치가 거침없이 지적을 해도 선수는 받아들인다.

"경기를 하는 건 코치님이 아니고 접니다!!"

나도 그다지 고분고분한 선수는 아니었다. 감독이나 코치가 강압적인 태도로 말을 하면 발끈하며 대꾸했던 적이 한두 번이 아니다. 자랑할 일은 아니지만 화가 나서 감독실 책상을 뒤엎은 적도 있다. 당시에 지적 받았던 내용들을 나중에 돌아보면 별일 아니었던 게 많았다. 감독이나 코치의 강압적인 태도에 감정이 올라왔던 것뿐이다. 결국 어떻게 말하는가에 따라서 상대의 반응은 달라질 수 있다는 의미다.

요즘 젊은 선수들은 조용히 불타오르는 타입이 많은 것 같다. 나처럼 감정을 또렷하게 드러내는 선수들은 적은 편이다. 멘탈이 약하다고는 결코 생각하지 않지만, 분발하게 하려고 일부러 강하게 말하면 오히려 주눅이 드는 선수가 많다. 선수와 좋은 대화를 나누려면 여러 부분을 의식할 필요가 있다. 나는 기본적으로는 친근한 태도로 대하려고 노력한다. 나도 낯을 다소 가리는 성격이라 처음에는 선수에게 그렇게 다가가기가 쉽지 않았다. 지금은 메이저리그에서 크게 활약하고 있는 다르빗슈 유와 첫 대화를 나누는 데도 2개월이나 걸렸다. 다르빗슈 역시 낯을 가리는 성격이었기 때문이다. 코칭의 성공 여부를 결정짓는 것은 코치의 경험과 지식만이 아니다. 적절한 말을 고르기, 표정과 말투, 그리고 코치가 보여주는 행동 전반에 따라 코칭의 결과는 달라진다.

코치의 경험과 지식은 중요하다.

하지만 그것은 코칭에 필요한 많은 것들 중 일부에 불과하다.

선수와 대화할 때는 서있는 자세도 신경을 쓴다

연습이나 경기를 보다 보면 코치가 팔짱을 끼고 선수와 이야기하는 장면을 흔히 보게 된다. 결론부터 말하면 이런 동작은 하지 않는 게 좋다. 그렇지 않아도 선수들은 코치를 윗사람이라고 생각해서 부담스러워하는데 팔짱까지 끼고 있으면 더더욱 위압감을 준다. 팔짱을 끼고 있는 동작은 '방어하는' 자세처럼 보이기도 하고, 스스로를 단단히 지키고 있다는 인상을 준다.

'나는 마음을 열고 있다.'

'너의 생각을 받아들이겠다.'

대화를 할 때는 상대가 이렇게 느낄 수 있는 바디랭귀지(body language)를 보여주는 게 좋다. 그런데 팔짱을 끼고 있으면 상대의 마음을 위축시킬 가능성이 높다. 그래서 벤치에서 경기를 볼 때도 팔짱은 끼지 않으려고 조심한다. 한 번은 어떤 방송 촬영을 할 때 카메라맨으로부터 팔짱을 껴달라고 부탁을 받은 적이 있는데 그것도 거절을 했었다. 그 정도로 나는 팔짱을 끼는 행동이 습관이 되지 않도록 신경을 쓴다.

선수의 바로 앞에 서서 이야기하는 것도 마찬가지로 선수에게는 위협받는 느낌을 줄 수 있다. 그래서 선수와 서서 대화를 할 때는 비스듬히 서서 들으려고 한다. 그리고 정사각형 테이블에서 대화를 할 때는 정면이 아닌 좌우 측면 좌석에 앉는 편이다. 정면으로 마주 보면 아무래도 사무적이고 딱딱한 느낌을 주기 때문이다.

그렇게 조금이라도 친근감있게 소통할 수 있는 방식을 선택해서 선수의 말을 귀기울여 듣는다. 어떤 문제가 있는지, 생각하고 있는 연습 방법은 무엇인지, 지금 어떤 게 궁금한지 등에 대한 이야기를 듣는다. 선수에 대해 잘 모르는 상태에서는 코치가 할 수 있는 것이 별로 없다. 어떤 말을 건네야 좋을지도 알 수 없다. 그렇기 때문에 먼저 선수가 마음 편하게 말할 수 있는 환경을 만들어야 한다.

이를 위해 나는 선수와 같은 눈높이가 아니라 조금 아래에 선다는 마음으로 대한다. 선수가 자신의 상태에 대해 말하면서 특정한 연습을 하고 싶다고 이야기하면 나는 그러한 요청을 일단 받아들인다. 그렇게 선수의 생각을 먼저 존중한 다음에 조언을 하면 코치의 말이 보다 쉽게 먹히기 때문이다.

비록 불평불만이라 하더라도 귀를 기울이는 자세가 중요하다. 바로 해결할 방법이 없다고 하더라도 선수가 털어놓는 마음을 공감해 주는 것만으로도 의미가 있다. 이것은 심리상담 기법과도 연결되는데, 선수의 마음을 부정하지 않고 일단 받아들이는 것이다.

"그려..."
"힘들제?"

이렇게 공감해 주는 것만으로도 충분하다. 이럴 때 나는 고향인 간사이 지역 사투리로 말하는 편이다. 코치에게 투덜거리는 것은 자신의 힘든 마음을 표현하고 싶기 때문이다. 그런 선수의 마음을 그대로 받아주면 선수 역시 코치의 말을 귀 기울여 듣게 된다. 코치가 하고 싶은 말이 선수에게 더 잘 전달될 수밖에 없다.

**선수가 힘들어 할 때는 공감만으로도 충분하다.
코치가 선수의 마음을 그대로 받아주면
선수 역시 코치의 말을 귀 기울여 듣게 된다.**

43살에 투수코치를 시작했다. 그때만 해도 20살 전후의 선수들이 있는 곳에도 편하게 들어가 이야기를 나누곤 했다. 지금은 벌써 10년이 지나 50이 넘은 나이가 되었다. 시간이 지날 수록 경력은 쌓이지만 해마다 입단하는 선수들과의 세대 차이는 점점 커지고 있다. 그러다 보니 젊은 선수와 이야기를 주고받을 때는 더욱 신경을 쓰게 된다.

나의 방식에 대해서 '선수와 지나치게 가깝게 지낸다', '너무 오냐오냐한다'고 말하는 사람들이 있다고 구단의 간부와 다른 코치들이 귀띔해 준 적이 있다. 하지만 선수와의 친밀한 의사소통은 내가 하는 코칭에서 대전제가 되는 요소다. 나의 방식이 옳다고 나는 믿고 있다.

신인 선수는 하고 싶은 대로 하도록 놔두는 이유

나는 선수의 발달 단계를 크게 4단계로 구별한다. 그리고 지도 방향은 둘로 나눠서 접근한다. 먼저 선수의 발달 단계는 다음과 같다.

① 기술과 체력이 모두 부족해 프로선수로서 밑바탕을 만들어야 하는 단계
② 1군에 자리를 잡고 좋은 활약을 펼치면서 프로선수로서의 자부심이 생기는 단계
③ 1군의 주축 선수가 되어 자부심이 더욱 높아지는 단계

④ 특별한 지도가 필요 없으며 코치가 곁에 있는 것만으로 충분한 단계

지도 방향은 아래의 두 갈래로 나뉜다.

- ● 기술과 체력을 강화한다. 연습방법과 경기력 향상을 위한 방법을 가르친다.
- ■ 프로선수에게 요구되는 언행과 태도를 포함해 성숙한 운동선수와 인간으로서 무엇을 해야 하는지 가르친다.

코치를 시작할 때부터 나는 선수의 발달 단계와 지도 방향을 이렇게 어렴풋이 구분해 실천해왔다. 나중에 대학원에서 배운 내용과 통하는 부분이 많았고 지금은 이런 구분이 보다 명확해졌다.

각각의 발달 단계에 맞추어 두 가지 지도 방향의 비율을 바꾸어 나가면 된다. 가장 아래 단계인 ①에 해당하는 선수라면 ●과 ■를 함께 가르친다. 단계가 올라갈수록 ●는 줄이고 ■의 비중을 높여나간다. 나는 ③④단계에 있는 선수들을 'A팀'이라고 부른다. ①②단계에 있는 선수들은 'B팀'이라고 부른다. 미디어나 일부 팀에서는 불펜투수들 중에 필승조에 있는 선수를 'A팀', 필승조가

아닌 선수를 'B팀'이라고 부르는 경우도 있다. 선수에게도 "빨리 A팀에서 던져야지!" 하고 말하곤 한다. 하지만 내가 말하는 'A팀', 'B팀'은 어디까지나 발달 단계에 따른 분류다.

나는 신인 선수를 가르치는 것은 삼가는 편이다. 신인 선수를 대상으로는 유심히 관찰하는 것이 코치가 우선적으로 해야 할 일이라고 생각하기 때문이다.

'이 선수의 강점은 무엇인가? 단점은 뭐지? 지금 무슨 연습을 하고 있지? 연습에 임하는 자세는 어떤가?'

관찰할 부분은 무수히 많다. 그렇게 지그시 관찰하며 선수의 특징을 파악한다. 일본 야구의 지도자와 원로들, 그리고 해설자들은 신인 선수의 부족한 점을 자주 지적한다. 하지만 스카우트와 드래프트 담당자가 프로에서 통한다고 평가할 만큼 능력과 재능을 인정받은 선수들이다. 코치가 먼저 할 일은 그 선수가 어떤 재능을 가지고 있는지 제대로 파악하고 그것을 어떻게 살릴 지 고민하는 것이다.

또 하나 코치가 주의해야 할 포인트가 있다. 프로에 이제 막 들어온 선수는 아마추어 시절 가장 좋았을 때보다 실력이 떨어져 있는 경우가 많다. 특히 고등학생이라면 여름 고시엔 대회(일본의 전국 고교야구 선수권 대회) 예선에서 지면 7월 중에 고교야구가 끝이 난다. 스프링캠프는 다음해 2월부터 시작된다. 드래프트된 선수들도 참여하는 합동 자율 훈련이 1월에 보통 시작되기 때문에 8월부터 12월까지는 공백기간이다. 물론 선수들 대부분은 그 기간에도 자율적으로 훈련을 한다. 하지만 야구부에 소속되어 있을 때와 같은 수준으로 훈련을 하기는 쉽지 않다. 게다가 어릴 때부터 줄곧 야구만 해온 선수들이다. 그 기간 동안이라도 고삐 풀린 망아지처럼 자유를 누리고 싶기도 할 것이다.

능력과 재능을 인정받은 선수들이다.
선수가 어떤 재능을 가지고 있는지 파악하는 게 우선이다.

그래서 첫 해는 기본적으로 하고 싶은 대로 하게 놔둔다. 물론 연습방법을 모르는 선수는 구체적으로 가르쳐 주고, 명백하게 잘못된 연습을 하고 있어서 다칠 위험이 있으면 그만두게 한다. 그렇지만 딱 거기까지다. 일단은 스카우트가 좋다고 평가한 본래의 능력을 되찾을 수 있도록 시간을 준다. 갑자기 새로운 것에 도전하면 길을 헤매고 가야 할 방향을 잃어버릴 수 있다. 먼저 말을 걸 때도 가르치기 보다는 선수에 대해 알기 위한 질문부터 건넨다.

"왜 그런 연습을 하는 거야?"

"그 연습을 하는 목적은 뭐야?"

이런 식으로 호기심을 가지고 물어본다. 선수 각자의 생각과 피칭 이론을 이해하고 존중하면서 성장할 방향을 찾는다.

코치의 간섭으로 엉망이 되어버린 나의 신인 시절

나는 처음 투수코치를 시작할 때부터 '관찰이 먼저'라는 원칙을 세웠고, 그것은 지금까지도 변함이 없다. 나 자신이 프로에 입단하고 나서 큰 혼란에 빠진 경험이 있기 때문이다. 나는 와카야마에 있는 미노시마 고등학교에서 드래프트 2번으로 지명을 받아 긴테쓰 버팔로스(지금은 오릭스 버팔로스)에 입단하였다. 제구력만큼은 자신이 있었는데, 입단 후 만난 코치가 대뜸 내 피칭 동작에 대해 이러쿵저러쿵 말을 하는 바람에 갑자기 모든 게 엉망이 되고 말았다.

투수의 투구폼은 어릴 때부터 오랜 시간에 걸쳐 만들어온 결과물이다. "이렇게 고쳐." 하는 말로 쉽게 고칠 수 있는 게 아니다. 사실 대부분은 어떻게 고쳐야 할지도 모른다. 지금 돌이켜 보면 코치가 무슨 뜻으로 그런 주문을 했는지도 잘 몰랐던 것 같다. 불펜에서도 타겟에 제대로 공을 못 던지니까 첫해는 1군은 커녕

2군에서도 경기 출전 기회를 거의 주지 않았다. 2년차가 되니 선발로 던질 수 있는 기회를 주었지만, 제구 때문에 계속 어려움을 겪었다. 볼넷을 연달아 내주며 한 이닝에 5실점을 하는 그런 피칭을 반복했다.

결과가 안 좋으니까 코치는 더 많은 주문들을 쏟아냈다. 하지만 그로 인해 나는 점점 더 어떻게 던져야 하는지 감을 잡을 수 없었다. 혼란스러운 연습과 저조한 경기 결과가 반복되는 악순환에 빠지고 말았다. 원하는 곳으로 공을 던지는 감각을 찾았다고 느낀 건 입단하고 1년 반 정도 지나서였다. 그 감각이 고등학교까지 야구를 하며 자연스럽게 습득한 감각과 같은 것인지, 어둠 속에서 헤맨 끝에 새로운 감각에 이르렀는지는 지금도 잘 모르겠다.

그도 그럴 것이, 내 머릿속에서는 입단 첫해의 기억이 쏙 빠져 있다. 은퇴를 하고 여러 일들에 필요할 것 같아서 나의 경력을 연도별로 정리한 적이 있다. 정리를 하면서 내가 착각하고 있는 기억이 있다는 사실을 발견했다. 내가 처음 최우수 구원투수상을 손에 쥔 때가 실제로는 프로 입단 5년차 시즌인데, 나는 그때까지 4년차 시즌이라고 생각하고 있었다. 내 머릿속에서 입단 첫해의 기억이 통째로 없어졌던 것이다. 기억이 그렇게 통째로 사라졌다는 사실이 놀라웠다. 2년차부터 조금씩 던질 수 있게 되었을 때부터는 기억이 나는데, 첫해의 일은 지금도 거의 생각이 나지 않는다.

투구폼은 어릴 때부터 만들어온 움직임이다.
코치의 몇 마디 말로 쉽게 바꿀 수 없다.

노무라의 데이터 야구와 노트에 담긴 진정한 의미

공이 제대로 들어가지 않아 패닉에 빠졌던 그때, 내가 내린 답은 '스스로 생각하는 것'이었다. 코치를 비롯해 주변에서 여러 가지를 가르쳐 주었지만 던지는 '요령'은 스스로 찾을 수밖에 없었다. 머리를 쥐어짜서 생각하고, 떠오른 것들을 연습하는 과정을 반복했다.

긴테쓰 버팔로스의 홈구장인 후지이데라 구장에서 1군이 경기를 하고 있을 때 나는 1루쪽 관중석 아래에 있는 공간에서 섀도우피칭*을 하면서 시간을 보내고 있었다. 연습을 하며 이런 저런 궁리를 하던 어느 순간, '아! 이거 같은데?' 하는 감각이 느껴졌다. 그 감각으로 바로 불펜피칭을 하니 공이 원하는 곳으로 들어가기 시작했다. "어, 좋은데?" 하면서 주변의 반응이 바뀌었고 그 이후로 2군 경기에서 씩씩하게 공을 던질 수 있게 되었다. '이제 2군에

---

*   수건을 잡고 피칭 동작을 하는 연습

서는 맞을 것 같지가 않아.' 이런 자신감이 넘쳤던 기억이 난다.

선수가 어떤 요령이나 감각을 터득하는 순간은 어느 날 갑자기 찾아온다는 이미지가 있는 것 같다. 하지만 내가 볼 때는 그렇지 않다.

'이건 아니구나.'

'이것도 아니야.'

나름대로 생각한 것을 시도해 보고, 연습의 결과를 피드백 삼아 시행착오를 거치는 과정이 있어야 그런 순간은 찾아온다. 깊은 고민과 실천을 거듭하는 과정 너머에 그런 '아하!' 하는 깨달음의 순간이 숨어있다.

**우연한 성공은 오래 갈 수 없다.
진정한 깨달음의 순간은
깊은 고민과 연습을 반복하는 시간 속에 숨어있다.**

나는 취미로 골프를 치는데 별로 연습하지 않았는데도 좋은 스윙을 하는 날이 있다. 그때는 '이제 스윙이 좀 되는데?' 하는 생각이 들지만 어쩌다 운 좋게 좋은 스윙이 나왔을 뿐이다. 생각하고 실천하면서 차곡차곡 쌓아가지 않으면 스윙이 제대로 몸에 장착되지 않는다. 며칠 후에 다시 골프클럽을 잡으면 원래 상태로 돌아가기 마련이다.

야쿠르트 스왈로스에 있을 때 노무라 가쓰야 감독님께서 이런 말씀을 하신 적이 있다.

> "무엇 때문에 미팅을 하는지 알아? 미팅을 하면서 이런 지식을 미리 공부하게 되면 마운드에 올라섰을 때 육감이 번뜩여. 이런 준비를 했기 때문에 나도 모르게 거기서 육감이 나오는 거야. 마운드에서는 그것을 믿어도 돼."

일본야구의 레전드인 노무라 감독님은 'ID야구'의 대명사로 불리는 분이다. 많은 사람들이 노무라 감독님은 데이터를 중시한다고 알고 있는데, 실제로는 데이터를 바탕으로 '생각하는 힘'을 강조한 분이다. 노무라 감독님은 미팅을 할 때 반드시 메모를 하도록 했다. 당시에는 '왜 꼭 메모를 해야 하는 거지?' 하는 생각이 들었지만, 메모야말로 생각하는 습관을 키우는 데 중요한 일이었다. 그때 노무라 감독님에게 배운 선수 중에는 나중에 야쿠르트 스왈로스의 감독이 되는 후루타 아츠야와 2018년 시즌에 같은 팀의 수석코치가 된 미야모토 신야가 있다. 당시에 노무라 감독님과 함께 뛰었던 선수들 중에는 은퇴를 하고 지도자로서 인정을 받은 경우가 많다. 우연이 아니라 노무라 감독님의 가르침이 영향을 미친 결과라고 나는 생각한다.

다른 사람에게 들은 것만 따라해서는 설령 그것이 통했다고 하더라도 한 순간의 우연에 불과하다. 시키는 것만 해서는 내 것을 만들 수 없다. 스스로 생각하면서 땀을 흘려야 비로소 자기 것이 된다. 그렇기 때문에 코치의 모든 말은 선수가 스스로 판단하기 위한 재료에 불과하다. 이것이 나의 코칭 이론의 뿌리다.

노무라 감독이 강조한 것은 데이터 자체가 아니라 데이터를 바탕으로 생각하는 힘이다.

내가 프로 첫해에 그랬듯이 코치로부터 들은 조언들을 소화해내지 못하면 선수는 패닉에 빠지게 된다. 사이토 유키도 그런 케이스였다. 와세다 실업고등학교 3학년 때인 2006년에, 뉴욕 양키스에서도 활약한 적이 있는 다나카 마사히로와 맞붙은 여름 고시엔 결승전에서 연장 15회 끝에 비기고, 재시합까지 가는 혈투를 승리한 장면을 기억하는 팬들도 많을 것이다. 와세다대학교를 거쳐서 드래프트 1순위 경합 끝에 사이토 유키는 니혼햄 파이터스에 입단했다. 2017년까지 일곱 시즌 동안 거둔 기록은 통산 15승 23패, 방어율 4.24다. 기대에 부응하는 성적이냐고 물어본다면 솔직히 아니라고 답할 수밖에 없다.

사이토는 연구를 아주 열심히 하는 선수였다. 자신의 성장을 위해 팀에 소속된 코치뿐만 아니라 다른 구단의 관계자나 트레이너 등을 찾아가 이야기를 들을 정도였다. 그런데 자신이 어느 방향으로 가야 할지를 분명하게 정하지는 못했다. 결과적으로 사이토는 그들로부터 들은 많은 이야기들을 소화하지 못했다. 여러 방면으로 도전하고 있지만 아직 본래의 잠재력을 발휘하는 데까지는 이르지 못했다. 2016년에 니혼햄 파이터스로 복귀하여 다시 사이토 유키를 지도하게 되었다. 최근 들어 조금씩 자기 안에 중심을 잡았다고 느낀다. 조금 시간이 걸리긴 했지만 지금까지 한 고생이 밑거름이 되어 선수 생활의 꽃이 활짝 폈으면 한다.[**]

[**] 사이토 유키는 2021년에 은퇴했다. NPB 통산 15승 26패, ERA 4.34의 기록을 남겼다.

2장

스스로 생각하는 힘을 키우는
'되돌아보기' 코칭

'다음에는 잘 해야지'같은 다짐은 의미가 없다

나의 코칭에서 중요한 수단 중 하나는 '되돌아보기' 작업이다. 선수 각자가 자신의 플레이 중에 좋았던 점, 나빴던 점을 객관적으로 들여다보고 바로잡는 시간이다. '되돌아보기'는 구체적이어야 한다. 어떤 상황에서 어떤 생각을 했는지, 어떤 감정을 느꼈는지 등을 구체적으로 떠올리며 돌아보아야 한다.

단순히 잘했다거나 좋지 않았다고 결론을 내버리면 과제가 명확해지지 않는다. 볼배합이 안 좋았을 수 있다. 어깨에 피로가 쌓여서 컨디션 조절에 애를 먹었을 지도 모른다. 제구가 들쭉날쭉했다면 몸에 힘이 들어가서 투구폼이 무너진 것인지, 애초에 피칭 기술이 부족했기 때문인지 잘 따져 보아야 한다. 분명 어떤 이유가 있을테니 그것을 찾아내려고 노력한다. 그런 다음에는 발견한 문제를 바로잡기 위해 다시 부단히 연습한다. 이런 과정을 반복해야 제대로 성장할 수 있다. 과제를 분명하게 인식하지 못하면 같은 실패를 되풀이할 수밖에 없다.

흔한 예를 하나 들어보자. 득점권에 주자가 있는 위기 상황에서 타자를 투스트라이크로 몰아넣었다. 스트라이크존 아래로 떨어지는 변화구로 삼진을 잡고 싶었다. 그런데 변화구를 낮게 던진다는 게 그만 가운데로 들어가며 장타를 맞고 실점을 하고 말았다. 많은 투수가 경험하는 실패 사례다. 이때 단순히 '긴장

해서 힘이 들어갔다'고 결론을 내버리면 진정한 의미의 '되돌아 보기'라고 할 수 없다. '다음에는 낮게 던져야지'라고 다짐을 해도 또 실투를 던지게 될 것이다. 왜 그 순간에 나의 의도와는 다르게 가운데로 공이 몰려 들어가게 되었는지 분명한 이유를 찾아야 한다.

**쉽고 뻔한 결론을 내버리면
과제를 분명하게 인식하지 못한다.
같은 실패를 반복하게 된다.**

투수에 따라 차이는 있지만 그런 경우는 대체로 피칭 동작이 무너진 경우가 많다. 앞다리를 들어 몸을 앞으로 보내는 템포가 평소보다 빠르거나, 세트포지션에서 이미 몸이 앞으로 기울어져 있는 경우에 공이 뜨는 현상이 자주 생긴다. 위기 상황에서 자신의 폼이 어떻게 바뀌는지를 이해하면 어떻게 수정해야 하는지 감을 잡을 수 있다.

나 역시 피칭을 할 때 힘이 들어가면 몸이 빨리 열리곤 했다. 평소에는 왼손에 낀 글러브가 가슴 부근에 있는데, 긴장된 상황에서는 바깥쪽으로 나가버리곤 했다. 그것이 원인이 되어 상체가 평소보다 일찍 돌면서 팔스윙이 평소의 궤적보다 바깥쪽으로 멀리 지나갔다. 그 결과 원하는 로케이션으로 공을 보낼 수 없었다. 나는 고민 끝에 글러브를 왼쪽 허벅지 안쪽에 부딪히며 몸이 열리는 현상을 막는 방법을 찾았다. 이렇듯 원인을 분명히 알아야 고민과 시행착오를 통해 해결방법을 찾을 수 있다.

가르치기만 하면 지시를 기다리는 게 습관이 된다

말을 계속해서 주고받으면서 하는 작업이 '되돌아보기'다. 공을 던진 그날은 투수 본인도 그렇고 코치인 나 역시 흥분되어 있는 상태다. 경기가 끝난 직후에는 좀처럼 냉정해지기가 어렵다. 그래서 조금 시간을 두고 다음날에 '되돌아보기' 시간을 가진다. '되돌아보기'는 일대일로 하기도 하고 그룹으로 하기도 한다. 여러 각도에서 경기를 돌아본다. 원치 않은 결과가 있었다면 그 원인을 깊이 파고들어서 과제를 발견하고 교정할 방법을 생각한다.

    모든 선수가 '되돌아보기' 작업을 할 필요는 없다. 스스로 문제를 해결할 수 있는 사고능력을 가진 선수는 하지 않아도 된다. '되돌아보기'는 주로 성장 과정에 있는 젊은 선수들과 한다. 처음에 니혼햄 파이터스에 투수코치로 갔을 때도 투수가 등판한 다음날에는 경기를 돌아보는 시간을 일대일과 그룹으로 진행했다.

그러다가 대학원에서 배운 것들을 접목하며 '되돌아보기' 시간을 조금 더 발전시켰다.

"지금 어떤가요?"
"어떻게 하면 좋을까요?"

자신을 객관적으로 파악하지 못해 문제점을 찾지 못하는 선수는 이런 식으로 나에게 곧바로 물어본다. 이런 경우에 나는 대체로 어디에 문제가 있는지도 알고 해결 방법도 제시할 수 있지만 직접 가르치지는 않는다. 어디까지나 본인이 스스로 생각해서 알아차리지 않으면 별로 의미가 없기 때문이다. 스스로 문제를 찾고 해결책을 고민할 수 있도록 힌트를 주거나 유도심문을 하듯 대화를 주고받는다. 선수가 이해하는 정도에 따라서 질문의 내용도 바뀌어야 하기 때문에 이런 상황은 나의 질문 능력을 테스트하는 시간이 되곤 한다.

"저는 이러한 과제가 있어서 지금 이렇게 연습하고 있습니다."

어떻게 하면 좋을지 묻기만 하던 선수가 이런 말을 하기 시작하면 된 거다. 스스로 생각하는 습관이 조금씩 생기고 있다고 보면 된다. 날마다 말하는 게 다르거나 계속 두서없이 이야기한다면 머릿속이 혼란스러운 상태라고 나는 판단한다. 그런 선수는 정보를 정리할 수 있도록 코치가 도와줄 필요가 있다. 코칭을 할 때 선수의 머리를 혼란스럽게 하는 일은 가급적 피하려고 한다.

'문제점과 해결방법을 알고 있다면 가르쳐줘도 되잖아?'

내 이야기를 듣고 이런 생각을 하는 분도 있으리라 생각한다. 분명 답을 가르치면 그 순간만큼은 좋아진다. 하지만 그렇게 무슨 일이 있을 때마다 코치에게 조언을 구하려고 해서는 안 된다. 코치는 만능이 아니다. 코치마다 생각이 다르고 지식과 경험도 다르다. 또한 코치는 선수보다 빨리 바뀐다. 감독도 2년 정도 계속 팀 성적이 바닥을 헤매고 있으면 속절없이 교체된다. 감독이 바뀌면 코치들도 큰 폭으로 바뀐다. 당연히 코치 개개인도 성과를 내지 못하면 해고되기도 하고, 다른 구단에서 매력적인 제안이 오면 팀을 옮기기도 한다.

그에 반해 선수는 트레이드가 되거나 방출되지 않으면 프리에이전트(FA) 권리를 얻을 때까지는 자유롭게 옮길 수 없다. 코치로부터 도움을 받았다고 해서 그 코치를 따라 팀을 옮길 수는 없다. 그렇기 때문에 선수는 문제를 스스로 해결할 수 있는 사고능력을 키워야 한다. 얼핏 보기에는 멀리 돌아가는 것처럼 보일 수 있지만 선수가 오래 활약하길 바란다면 답은 쉽게 제시하지 않는 게 좋다.

/
**코치가 답을 가르치면 그 순간은 좋아진다.
지름길처럼 보이지만 길게 보면
선수의 장기적인 성공을 가로막는 일이다.**
/

선수가 언제든 찾을 수 있는 도서관

'되돌아보기'는 자신을 객관적으로 분석하는 눈을 키우는 작업이다. 자신을 바라보는 '또 한 명의 자신'을 만드는 시간이다. '내 안의 전담 코치'를 두는 거라고 말할 수도 있다. 사실 누구에게나 내면에는 훌륭한 코치가 살고 있다. 잠들어 있는 그 존재를 깨우는 것이 '되돌아보기'를 하는 궁극적인 목적이다.

'내 안의 전담 코치'가 스스로를 지도할 수 있게 되면, 어떤 코치가 와서 어떤 말을 하더라도 그것을 받아들일지 말지 적절한 판단을 할 수 있다. 내가 한 말을 아무 생각도 하지 않고 그냥 받아들이면 선수는 '요시이 코치'를 자신에게 옮겨 심었을 뿐이다. '내 안의 전담 코치'가 제대로 일을 하고 있으면, 코치가 바뀌거나 팀 안팎의 사람으로부터 무슨 말을 듣더라도 그것이 자신에게 필요한지를 취사선택할 수 있다.

"네 안에 있는 코치와 이야기 해볼래?"

나는 선수들에게 이런 말을 자주 한다. 선수의 내면에 있는 '내 안의 전담 코치'는 내가 선수와 대화를 할 때 중개 내지는 쿠션 역할을 해준다. 나도 그랬지만 선수는 기본적으로 자기밖에 생각하지 않는다. 코치가 자신을 위해서 해준 말이라고 해도 좀처럼 있는 그대로 받아들이지 못한다. '당신같은 사람한테 그런 말 듣고 싶지 않아!' 이런 생각을 할 때도 있다.

모든 선수에게 '내 안의 전담 코치'가 생기게 되면 나는 도서관으로서의 역할을 충실히 하면 된다. 이것이 내가 생각하는 코칭의 이상형이다. 뭔가를 잘 모르겠거나 알아보고 싶은 게 있을 때 찾아오는 장소가 도서관인 것처럼 선수가 도움이 필요할 때 언제라도 이용할 수 있는 준비만 해둔다. 내가 필요 없으면 이용하지 않아도 된다. 도서관을 찾은 사람이 책이나 자료에서 답을 찾듯, 선수가 고민을 털어 놓으면 도움이 될 만한 정보를 소개한다.

도서관이 사람들의 궁금증을 해결하는 역할을 제대로 하려면 다양한 책과 자료들을 가지고 있어야 한다. 찾아볼 수 있는 자료가 얼마 없으면 도서관의 역할을 제대로 할 수가 없다. 코치도 마찬가지다. 선수가 고민이 있어서 찾았는데 알고 있는 정보가 빈약하면 선수를 제대로 도울 수 없다. 스스로 문제를 해결하기 위한 힌트를 주기 위하여 코치는 계속 공부하며 정보들을 모으고 있어야 한다.

'넓고 얕게'나 '좁고 깊게'로는 충분하지 않다. '넓고 깊게' 지식을 쌓아야 한다. 선수가 주체적으로 사고하고 연습하면 코치도 공부할 시간을 충분히 가질 수 있다. 그렇게 되면 선수와 코치 모두 성장하는 속도가 비약적으로 빨라지게 된다.

**코치가 다양한 지식을 쌓아 나가야 하는 이유는
답을 알려주기 위해서가 아니라
스스로 문제를 해결하기 위한 힌트를 주기 위해서다.**

대화를 녹음해 나의 코칭을 되돌아본다

니혼햄 파이터스의 투수코치로 돌아온 2016년부터 '되돌아보기' 그룹 코칭을 중점적으로 하고 있다. 젊은 불펜투수들을 대상으로 주로 한다. 어제 등판한 투수가 있으면 그 투수를 중심으로 토론을 한다. 선수는 동료 투수들과 이야기를 주고받으면서 마운드에 설 때의 마음가짐이나 행동, 특히 위기상황에 대처하는 방법 등을 배운다. 어제 등판하지 않은 투수는 이야기를 나누며 가상의 실전 시뮬레이션을 하게 된다. 어떻게 보면 그룹 '되돌아보기'를 통해 선수들은 날마다 경기를 경험하는 셈이다.

"내일은 OOO에 대해서 질문할 거니까 생각해 두세요."

선수들에게 '되돌아보기'를 하기 전날에 이런 문자를 보낼 때도 있다. 더욱 실속있는 대화를 나누기 위해서다. 일본에서는 경기 전 미팅을 할 때 선수들을 나란히 세워놓고 감독이나 코치가 이것저것 주문을 하는 게 일반적이다. 반복해서 말하지만 코치가 바로 답을 제공하는 것이 아니라 선수 각자가 경기에 대해 생각할 수 있게 도와주는 말을 건네는 것이 이상적이다. 경기는 선수의 성장을 위한 가장 좋은 교재이기 때문이다. 물론 철저히 지켜야 할 팀이 정한 규칙이나 작전과 관련된 사항은 명확히 전달해야 한다.

마운드에서 투수는 해야 할 게 은근히 많다. 볼배합을 비롯한 타자와의 수싸움은 마운드에 선 사람 밖에 모르는 감각인데 투수에게는 매우 중요한 기술이다. 그룹으로 '되돌아보기'를 하면 볼배합을 어떻게 하는 게 좋은지 서로의 아이디어를 끌어낼 수 있다. 자신이 던지지 않을 때도 머리를 쓰게 된다.

한편 아리하라 고헤이, 다카나시 히로토시, 가토 다카유키와 같이 프로에 입단한 지 얼마되지 않은 선발투수들은 나와 단둘이 개별적으로 '되돌아보기'를 한다. 등판한 다음 날, 투구내용에 대해

차분히 말해보도록 한다. 이렇게 일대일로 '되돌아보기'를 할 때는 선수에게 허락을 받고 녹음도 한다. 녹음한 것을 나중에 들으며 글로 써보면 이야기를 나눌 때는 몰랐던 사실을 알아차릴 수 있다. '어? 조금 대화가 혼란스러웠네.' 하고 느낄 때도 있고, 선수가 지향했으면 하는 방향으로 유도하려다가 답을 말해버리는 실수를 했음을 자각하기도 한다. 나에게는 다시 글로 정리하는 시간이 코칭의 과정을 되돌아보는 기회가 된다.

효과는 차근차근 나오고 있다. 이 책을 쓰기 위해서 '되돌아보기'를 정리한 내용을 다시 읽어보며 깊게 분석을 해보니 가장 많이 바뀐 선수는 다카나시였다. '되돌아보기'를 거듭할수록 자신의 상태를 말로 잘 표현하면서 스스로를 더욱 객관적으로 볼 수 있게 되었다. 가토는 경기 중에 자신의 멘탈이 변하는 패턴을 정확히 파악하였다. 이를 바탕으로 경기력을 높이기 위한 방법을 마련하고 있는 중이다. 아리하라도 자신을 잘 알게 되어 경기가 좋을 때나 안 좋을 때나 기복이 크지 않도록 조절할 수 있게 되었다.

이야기가 다소 샛길로 빠지는지도 모르겠는데, 팀이 어떤 상태인지에 따라서 벤치에서 나오는 '말'의 내용은 바뀐다. 팀 성적이 좋아서 우승을 다투고 있을 때는 벤치에 있는 선수들 모두가 동료의 힘을 북돋기 위한 응원의 말을 많이 한다. 그런데 5위로 끝난 2017년 시즌에 벤치에서 나오는 말에는 야유가 많았다. 특히 상대팀이나 심판 판정에 불만을 표시하는 말들이 많았다. 우리가 못하는 건 외면하고 상대팀 선수와 심판에게 신경질을 내곤 했다. '이건 심한데?' 하는 생각이 종종 들곤 했다. 구리야마 감독님도 그런 모습이 신경 쓰이는 것 같았다. 그런 부정적인 말들만 쏟아내는 상태로는 앞으로 나아가는 에너지가 나올 수 없다. 쓸데없이 에너지를 소비할 뿐이다. 감정에 휘둘리지 않고 냉정하게 생각하면 그렇게는 하지 않게 된다.

대화를 녹음해 글로 정리해보면

이야기를 나눌 때는 몰랐던 사실을 발견할 수 있다.

되돌아보기는 긍정적인 면부터!

그룹으로 하는 '되돌아보기'는 나의 '오피스'에서 한다. '오피스'라고 이름을 붙였지만 사실 구단 사무실도 아니고 어느 건물 안에 있는 공간도 아니다. 삿포로돔 그라운드 안에 있는 센터 펜스 앞이 나의 '오피스'다. 경기 전에 연습을 할 때 타구를 막기 위한 스크린을 세워놓으면 러닝을 끝낸 선수들이 모인다.

'되돌아보기'는 전날 경기의 한 장면을 주제로 할 때가 많다.

실제로 그 상황에서 공을 던진 투수도 자신의 생각을 이야기하고, 동료 투수들도 "나는 이렇게 생각해", "나라면 이렇게 던졌을 거야." 하면서 자신의 의견을 말한다. 이때 부정적인 이야기부터 시작하지 않으려고 주의한다. 예를 들어 전날 등판한 투수가 자신의 경기에 대해 평가하며 '20점'의 점수를 주었다고 해보자. 경기가 형편없었다는 뜻이니까 잘못한 것에 대해 할 얘기가 많을 수밖에 없다. 하지만 잘못한 것들을 계속 들추어내면 '오피스'에 있는 선수 모두의 기분이 가라앉게 된다.

"어디가 좋아서 20점이야?"

그렇기 때문에 먼저 좋았던 것부터 들여다보기 시작한다. 동료 투수들도 좋았던 점을 말해주니 20점 밖에 안된다고 말한 선수도 기분이 좋아진다. 그렇게 채워진 긍정적인 에너지가 나머지 80점을 개선하는 힘이 된다.

'오피스'에서는 가끔 큰 주제를 놓고 이야기 나눌 때가 있다. 한 번은 '멘탈, 기술, 몸 중에 무엇이 가장 중요한가'를 주제로 선수들과 토론을 했다. 나의 질문에 선수들 모두가 멘탈이 가장 중요하다고 대답했다. 나는 속으로 아니라고 생각했다.

"나는 체력이라고 생각하는데?"

선수들에게 이렇게 툭 던져보았다. 내 말을 듣고 선수들은 다시 고민해 보기 시작했다. 그때 어느 선수가 이렇게 말했다.

"그렇네요. 건강하고 체력이 좋으면 기술 연습도 많이 할 수 있고, 더불어서 멘탈도 좋아지겠어요."

'좋아, 됐어.' 하면서 나는 내심 만족했다. 마음이나 멘탈이 가장 중요하다고 생각하기 쉽지만 일률적으로 단정지을 수는 없다. 어떤 선수는 멘탈을 가장 중시해야 하지만 멘탈, 기술, 몸 모두가 중요한 요소다. 나는 선수들이 그러한 점을 느꼈으면 했다.

좋았던 점을 말하고 들으며

경기를 망쳤던 선수는

긍정적인 에너지를 다시 채우게 된다.

'왜?'

'왜 그렇지?'

또한 대화를 하면서 나는 선수들이 여러가지 일들에 흥미를 느끼도록 자극한다. 이런 흥미와 호기심이 나아지고자 하는 향상심을 불러일으키고, 향상심을 가지고 자발적으로 행동하면 또다시 새로운 흥미가 생긴다. 흥미와 향상심은 이런 식으로 선순환한다.

일본은 미국과 비교했을 때 토론을 하는 게 익숙하지는 않다. 학교의 교육 시스템 영향도 있다. 대화를 하거나 토론을 하는 기회 자체가 적다. 그러다보니 토론을 하면서 다른 의견을 내는 것을 꺼리는 사람들이 많다. 메이저리그에서 미팅하는 모습을 보면 소위 말해 난장판이다. '공중분해'되는 듯한 분위기로 끝나는 미팅도 여러 번 경험했다. 하지만 그 사람들은 그게 일상이다. 의견을 모으자고 생각하기보다는 자신의 생각을 말하면서 서로 부딪친다. 그 자리에서는 의견이 갈린 채 끝나지만 집으로 돌아가면서 다들 생각한다. '저 녀석은 그렇게 말했지만 나는 달라.' 이런 경험을 되풀이하는 것이 생각하는 연습이다. 사고능력을 키우는 훈련이 된다. 나의 '오피스'에서도 더 나은 토론이 이루어졌으면 한다. 팀 전체 미팅에서도 선수가 발언하거나 서로 이야기하는 기회를 늘리고 싶다.

드물기는 하지만 어린 선수가 등판한 후에는 '되돌아보기'를 하지 않을 때가 가끔 있다. 조금 차원이 다른 문제가 있을 때다.

2017년 시즌 후반의 어느 경기에 중간계투를 맡고 있는 한 어린 투수가 새 스파이크를 신고 마운드에 올랐다. 보통은 어느 정도 연습 때부터 신으면서 발에 익숙해진 다음에 경기에서도 신는데 그렇게 하지 않은 것이다. 주위에서도 '괜찮겠어?' 하며 걱정을 했는데 본인은 상관없다고 말하며 크게 신경을 쓰지 않았다. 예상했던 대로라고 해야 할까? 주위의 걱정대로 볼넷을 연거푸 내주며 위기 상황을 만들고 마운드를 내려왔다. 다음 투수가 안타를 맞아서 실점을 하고 말았다. 그 선수는 벤치에서 당혹스러운 얼굴을 하고 있었지만 이미 때는 늦어 버렸다. 프로로서 준비의 중요성을 망각한 것은 아닌지 묻게 되는 행동이었다. 나는 일부러 아무 말도 하지 않고 넘어갔다. '이러면 안 되겠구나.' 이렇게 스스로 느끼고 마음에 새겨야 한다.

인터뷰는 스스로를 돌아보기 위한 좋은 기회

효율적이고 손쉽게 '되돌아보기' 작업을 하는 방법이 있다. 야구 선수와 같은 일부 직업에 한정되어 있긴 한데, 경기 후에 기자의 질문에 답하며 스스로를 돌아보는 것이다. 질문을 받으면 선수도 명확하게 설명을 하게 된다. 자신이 했던 플레이나 경기 중에 느꼈던 감각을 객관적으로 파악하지 않으면 말로 제대로 표현할 수가 없다. 기자의 질문에 답을 하며 선수는 말로 표현하는 능력,

자신을 객관적으로 보는 능력을 자연스럽게 기를 수 있다.

경기의 결과가 좋지 않았거나 안 좋은 상태가 지속될 때는 인터뷰하는 게 썩 내키지 않는다. 그래서 일부 선수들은 '노코멘트'라는 한마디만 남기고 도망치듯이 자리를 떠나기도 한다. 좋거나 안 좋거나 가리지 않고 그냥 귀찮아서 경기 후 인터뷰에 응하지 않는 선수도 있다. 구단에 따라 대응하는 방식이 조금씩 다르지만, 일본에서는 그날 좋은 활약을 한 선수를 지명해 짧은 인터뷰를 하는 경우가 많다. 기자들이 선수를 둘러싸고 차례로 질문을 한다. 그 외에도 선수들 대부분은 기본적으로 '밀착취재'의 대상이 된다. 경기를 마치고 돌아갈 때 기자와 함께 걸으면서 질문에 답하는 경우도 있다. 때로는 주차장에서 차를 탈 때까지 인터뷰가 계속되기도 한다.

메이저리그에서는 '플레이 내용을 이야기하는 것도 선수가 해야 할 일'이라고 생각한다. 일정 시간 동안 라커룸이 기자들에게 개방되기 때문에 선수들은 도망갈 수가 없다. 스프링캠프 때는 기자들의 취재에 대응하는 법을 알려주는 강연도 제공한다. 메이저리그의 특급 선수들은 빠르게 기분을 전환하는 편이다. 비록 심하게 두드려 맞은 날이라도 마치 다른 선수가 던진 것처럼 자신이 겪은 상황을 설명하고 기자들의 질문에 또박또박 대답한다.

나는 일본에서 선수 생활을 했을 때는 스스로의 감정을 조절하지 못하는 편이었다. 그러다보니 경기 후에 기자들의 질문에 대응하는 방식이 좋지 않았다. 기자들이 호감을 느끼는 선수는 아니었을 것이다. 뉴욕 메츠로 이적하고 첫 스프링 캠프 때 취재진에 대응하는 법에 대해 강습을 받았다. 그때부터 그날 피칭이 좋든 나쁘든 성실히 답하려고 노력했다. 그렇게 하니 신랄하기로 악명이 높은 뉴욕의 미디어로부터 '굿가이(good guy)상'을 받았다. 그것도 기자투표로!

그때 같은 지역의 뉴욕 양키스에는 이라부 히데키가 있었다. 이라부는 취재진과 사이가 그다지 좋지 않았다. '뉴욕에는 좋은 일본 사람(요시이)과 나쁜 일본 사람(이라부)이 있다'는 말까지 나왔다. 실제로는 나도 인터뷰를 하면서 가끔은 화가 나서 거친 말을 내뱉은 적도 있었지만 기자들은 농담으로 받아들였다. 사실은 '둘 다 나쁜 일본 사람'인데 기자들이 어떻게 반응하는가에 따라 인상이 바뀐 것이다. 사실 이라부는 팀 동료로서는 정말 '굿가이'였다.

참고로 '굿가이상'은 요미우리 자이언츠에서 뉴욕 양키스로 넘어가 크게 활약을 했던 '고질라' 마쓰이 히데키도 받았다. 마쓰이가 '굿가이상'을 받은 건 누구라도 이해할 수 있을 것이다. 마쓰이는 그날 잘 쳤든 못 쳤든, 컨디션이 좋든 안 좋든, 경기 후에는 반드시 기자들 앞에 서서 질문에 답을 했다. 일본에서 매일 보도되는 메이저리그 뉴스에서 그가 말하는 모습을 늘 볼 수 있었던 것은 언제나 성실하게 인터뷰에 응했기 때문이다. 그는 지금도 많은 뉴욕 사람들이 사랑하는 선수다.

메이저리그는 경기를 잘했든 못했든 그날의 플레이에 대해 이야기하는 것도 선수가 해야 할 일이라고 여긴다.

니혼햄 파이터스의 투수코치가 된 지 3년 째에 딱 한 시즌 2군을 담당한 적이 있다. 그때 나는 선수들끼리 인터뷰를 하는 실험을 했다. 그날 경기에 등판하지 않는 투수 중에 두 명을 지명하여 경기가 끝나고 기자 역할을 하게 했다.

1군이라면 선발진 중에 그날 등판이 없는 투수는 끝까지 경기를 보지 않고 먼저 가도 상관없지만 2군은 그렇지 않다. 그렇다고 그저 멍하니 앉아 경기를 보기만 하면 시간이 아깝다. 경기 후에 인터뷰를 해야 한다면 집중해서 인터뷰 대상이 되는 투수들의 피칭을 관찰하게 된다. 그런 시간 또한 공부가 되기 때문에 일석이조라고 생각했다. 흥미로운 순간이 여러 번 있었다. 후배가 선배에게 날카로운 질문을 던지니 선배가 화를 내면서 싸움이 날 뻔한 적도 있었다. 후배가 아픈 곳을 건드린 것이다. 그래도 선배는 화를 내면서도 후배의 질문에 답을 해야 했다. 이 정도로 그 시간을 진지하게 여기면 분명 서로에게 도움이 된다.

일기는 3인칭으로

메이저리그에서 선수 생활을 하는 동안 날마다 일기를 썼다. 솔직히 메이저리그에서 크게 활약하게 되면 책이라도 내려는 불순한 동기에서 시작한 일이다. 하지만 일기를 쓰는 시간은 나에게 큰 도움이 되었다.

다른 사람이 읽는다는 것을 전제로 썼기 때문에 객관적인 관점으로 적어 나갔다. '나는'이 아니라 '요시이는' 이런 말투로 글을 시작했다. 두세 줄 쓰고 마는 날도 있었지만, 경기를 한 날은 한 페이지 가득 쓰곤 했다. 글로 적으니 머리가 정리되고 경기 중에는 몰랐던 것도 알게 되었다.

메이저리그 첫해의 시범경기에서 긴테츠 버팔로스에서 뛸 때의 후배이자 메이저리그의 선배이기도 한 노모 히데오와 맞붙은 적이 있다. 그날 기록을 보면 투구 내용은 내가 더 좋았다. 그날 노모는 원바운드가 되는 포크볼을 남발했다. 그런데 책상 앞에 앉아서 경기를 복기하면서 나는 알아차렸다. 나는 개막 로테이션에 들어가기 위해 최대한 어필을 해야 하는 신인이었다. 하지만 노모는 이미 LA 다저스 선발진의 기둥이었다. 그는 개막전에 맞춰서 포크볼을 가다듬고 있었던 것이다. 그에 반해 나는 좋은 기록을 남기려고 전력으로 던질 수밖에 없었다. 그런 맥락을 일기를 적으며 알아차릴 수 있었다. 대학원을 다닐 때 스포츠 심리학 세미나에서 선생님께 이 이야기를 했다.

"자연스럽게 좋은 '되돌아보기'를 하셨네요. 객관적으로 자신을 볼 수 있었기 때문에 그런 깨달음을 얻었을 겁니다."

선생님으로부터 이런 말을 들었다. 일기를 쓰다 보니 의도하지 않은 '되돌아보기' 작업을 하게 된 것이다. 이렇듯 일기를 쓰는 것은 스스로를 돌아보는데 효과적인 수단이다. 앞에서 말한 것처럼 일기를 쓸 때는 '나는'과 같은 1인칭이 아닌 '그는'과 같은 3인칭으로 쓸 것을 추천한다. 자신을 보다 객관적으로 바라보기 위해서다.

3장

눈앞의 승패에 연연하지 않으려면 구체적인 전략이 필요하다

감독에게 입을 다물고 있으면 안 된다

투수코치는 회사로 치면 '중간관리자'에 해당한다. 앞에서는 주로 '부하직원'이라고 말할 수 있는 선수와 관련된 사례를 몇 가지 소개했다면 이번에는 '상사'인 감독과 소통한 경험을 말하고자 한다.

2008년에 처음 니혼햄 파이터스의 투수코치로 들어왔을 때 감독은 나시다 마사타카씨였다. 5년째가 되는 2012년부터 구리야마 히데키 감독님으로 바뀌었고, 나는 같은 해에 프로야구계를 잠시 떠났다. 2015년에 소프트뱅크 호크스의 투수코치로 복귀했을 때 감독은 구도 기미야스씨였고, 다음해에 니혼햄 파이터스로 옮겨서 다시 구리야마 감독님 밑에서 코치를 하게 되었다.

"적극적으로 (감독과) 싸워주세요. 그것 때문에 불렀으니까요."

니혼햄 파이터스에 코치로 다시 왔을 때 구단 직원이 나에게 이런 부탁을 했다. 물론 멱살을 잡거나 비난하라는 게 아니다. 감독이 하는 일에 '예'만 남발하는 코치가 되지 말라는 의미였을 것이다. 그런 부탁이 아니더라도 나는 어떤 감독에게나 투수코치로서 나의 생각을 말해 왔다. 앞으로도 바뀌지 않을 것이다. 감독에게 코치의 의견을 전하지 않으면 코치가 있어야 할 이유가 없다.

 나중에 자세히 설명하겠지만 투수코치로서 가장 중요한 일은 한 시즌 동안 투수들의 몸과 마음의 컨디션을 잘 유지하고 좋은 기분으로 마운드에 오를 수 있게 하는 것이다. 매일 경기를 하기 전에 그날의 투수 운용 방식에 대해 감독과 의견을 나누고 불펜에 관한 정보를 공유한다.

 "OO는 오늘 던지면 연투니까 내일 경기는 못 쓰게 됩니다. 그것을 고려해서 불펜 운용을 생각해 주세요."
 "OO는 페이스가 조금 떨어졌으니까 2군에서 올라온 OO를 써보는 건 어떨까요?"

 이런 식으로 나의 생각을 감독에게 전달한다. 시즌 중반쯤 되면 오늘은 꼭 이기고 싶다며 감독이 고집을 피울 때가 있는데 그때는 감독을 설득한다. 나는 꽤 직설적인 타입이라서 이야기를 하다가 말다툼이 생길 때도 있다. 그래도 감독에게 자신의 생각을 분명하게 전달하는 것은 중요하다. 전부는 아니더라도 나의 의견을 받아준다면 좋은 일이다. 그리고 감독의 생각도 변하기 때문에 그때그때 대화를 나누는 것이 중요하다.

> **감독에게 코치의 의견을 전하지 않으면
> 코치가 있어야 할 이유가 없다.**

　물론 최종 결정권을 가진 사람은 감독이다. 팀 성적이 안 좋으면 바로 감독에게 책임을 묻는다. 감독이 결정했다면 투수코치로서 그 결정을 전제로 차선책을 생각해야 한다. 그리고 감독도 누구를 기용해야 할지 망설일 때가 있다. 그때는 "감독님이 믿는 선수로 정해 주십시오." 하고 부탁한다. 아무리 데이터와 정보가 있더라도 마지막은 역시 믿음이다. 감독과 코치의 관계도 마찬가지다. 서로에 대한 믿음이 없으면 관계가 성립되지 않는다. 신뢰 관계를 형성하는데 가장 중요한 것은 역시 의사소통이고 대화다.

　구리야마 감독님은 다른 사람에게는 없는 자유로운 발상이 있다. 상식에 얽매이지 않고 다양한 것들을 시도하는 분이다. 무슨 일이든지 해보지 않으면 모른다는 신념이 있다. 그러한 신념이 있기에 오타니 쇼헤이의 이도류 도전을 최대한 밀어줬을 것이다. 리그 우승과 일본시리즈를 제패한 2016년에는 부진에 빠진 불펜투수 마쓰이 히로토시를 선발로 돌리며 부활시키기도 했다.

　물론 실패한 케이스도 있다. 같은 해에 마무리를 맡았던 크리스마틴이 시즌 막바지에 부상을 입었다. 이미 선발로 돌렸던 마쓰이를 다시 불펜으로 돌리기는 어려웠다. 구리야마 감독님은 선발투수 요시카와를 마무리로 쓰고 싶다며 나의 의견을 물었다. 나의 생각을 묻는다고는 해도 감독이 그렇게 나올 때는 이미 결심한 경우가 대부분이다.

나는 요시카와는 마무리 타입이 아니라고 생각했다. 그를 마무리로 쓰는 것은 실패할 확률이 높으며, 그냥 지금 있는 불펜 투수들을 잘 활용하는 게 더 낫다고 생각했다. 그런데 생각해 보면 실제로 해본 것도 아니었다. 혹시라도 잘 될지도 모른다는 생각이 마음 한 구석에 있었는지 모르겠다. 그래서 "그렇게 해보시죠." 하고 말하면서 감독의 생각에 반대하지 않았다. 대학원에서 공부를 하면서 연구자의 관점에서 현상을 바라보는 연습을 많이 했는데 '이런 타입인 선수가 마무리를 하게 되면 어떻게 될까?' 하는 호기심도 있었다.

하지만 안타깝게도 결과는 내 생각대로 실패였다. 구리야마 감독님은 바로 자신의 생각을 접었다. "그렇게 바로 포기할 거면 이제 협력하지 않을 겁니다." 이렇게 감독에게 한 마디 했던 기억이 난다. 그런데 감독에게 자신의 생각을 분명히 말하는 것은 중요하지만 주의해야 할 점이 있다. 평온하게 대화를 나눌 때는 상관없지만 그렇지 않을 때는 선수가 그 모습을 보게 해서는 곤란하다. 감독과 코치의 관계가 안 좋게 비춰지면 선수들 사이에는 불안한 마음이 퍼진다. 구리야마 감독님으로부터 선수가 보는 앞에서는 그렇게 목소리를 높이며 이야기하지 말자는 말을 들었다.

그 사건은 2012년 시즌을 마치고 니혼햄 파이터스를 떠난 이유이기도 했다. 불펜투수 기용을 둘러싸고 감독과 있었던 갈등을 내 나름대로는 숨겼다고 생각했지만 그건 어디까지나 내 생각일 뿐이었다. 선수들 사이에 둘 사이의 관계가 좋지 않다고 소문이 난 모양이었다. 게다가 TV 인터뷰를 하면서 감독의 투수 운용을 비판하는 듯한 말을 하고 말았다. "불펜은 내가 지킵니다." 이런 뉘앙스의 말을 했던 것 같다. 최종 결정권자로서 구리야마 감독님도 가만히 있을 수만은 없었을 것이다. 무슨 생각으로 그런 말을 했냐고 나를 몰아붙이길래 나도 감정이 복받쳐서 대꾸하다가 또 말다툼을 하고 말았다. 그 일로 둘 사이에 틈은 더욱 벌어졌다. 감독과 코치의 관계가 틀어져서 선수들이 플레이하는데 악영향을 미쳐서는 안 된다. 나는 팀을 떠나자고 결심했다.

실수에 화를 내는 것은 쓸데없는 행동

여담지만 마무리 요시카와를 포기하겠다는 말을 들었을 때, 구리야마 감독님은 "요시이, 때리지 말고 들어줘." 하면서 나에게 말을 했다(웃음). 물론 감독의 말에 화는 났지만 그렇다고 감독을 때린다는 건 있을 수 없는 일이다. '요시이는 화를 잘 낸다'는 이미지는 선수 시절 내가 했던 행동들 때문일 것이다.

마음에 들지 않는 경기를 하고 내려오면 나는 벤치에서 난동을 부리곤 했다. 정수기를 부순 적도 있다. 내 나름대로는 그렇게 감정을 발산해서 다음 등판을 위한 모드로 바꾸고자 하는 목적이었지만, 사람들에게는 걸핏하면 화를 내는 망나니처럼 보였을 지도 모른다. 구리야마 감독님이 한 말을 듣고 '그런 이미지가 아직도 날 따라다니는구나!' 하는 생각이 들었다.

말이 나온 김에 고백하자면 처음 투수코치를 맡고 나서 5년 동안 선수에게 화를 참지 못했던 적이 세 번 있다. 한 번은 어느 선발투수가 경기 중에 무책임한 태도를 보였다. 다들 최선을 다해서 경기를 하고 있는데 "타자를 잡아야겠다는 마음이 들지 않네요." 이런 말을 내뱉었다. 그 선수를 벤치 뒤로 데리고 가서 그럼 바꿔준다고 말했더니 더 투덜거렸다. "너 말이야!" 나는 화가 나서 소리를 지르며 선수가 기대고 있던 벽을 팔로 쿵 내리쳤다. 그랬더니 나시다 감독님이 다급한 얼굴로 뛰어와 우리 둘을 말렸다. "요시이! 때리지마! 절대로 때리지마!" 물론 때릴 마음은 털끝만큼도 없었지만 나도 화가 치밀어 오른 상태라서 감독님 덕에 별 탈 없이 넘어간 경우였다.

나머지 두 명은 외국인 투수들이었다. 그 중 한 명은 자신이 안타나 홈런을 맞은 것은 아무 말 안 하고 계속 다른 선수들 탓을 했다. 그런 일이 몇 번 이어지자 선수를 붙잡고 크게 야단을 쳤다. 나중에 나를 찾아와 자기가 잘못했다고 사과를 했다. 외국인 선수 중에는 일본 사람을 깔보는 선수도 일부 있다. 나는 메이저리그 선수 출신이기도 하다. 그들은 메이저리거였다는 나의 경력을 무시하지 못한다. 내가 외국인 선수와 관계를 맺는데 분명 도움이 되는 부분이다.

외국인 투수 중 또 다른 한 명은 경기 중에 작전을 지시하고 있는데 다른 선수와 잡담을 하고 있었다. "제대로 들어!" 나는 화를 내며 삿포로돔 덕아웃에 있는 벽을 쳤는데 그만 구멍이 뻥 뚫리고 말았다. 나중에 변상을 해주어야 했다.

대학원에서 공부를 하고 나서는 선수에게 화를 낸 적이 한 번도 없다. 화를 내보았자 관계만 나빠질 뿐 선수를 코칭하는데 아무런 의미가 없다는 것을 깨달았기 때문이다. 앞에 언급한 경우처럼 선수가 무책임한 태도를 보일 때는 엄하게 꾸짖어도 된다고 생각하지만 대부분의 경우에 선수에게 화를 내서는 안된다. 특히 실책을 비롯하여 경기 중에 저지른 실수에 대해 화를 내거나 꾸짖거나 하는 것은 이야기할 가치도 없다. 선수 자신이 무엇을 실수했는지 충분히 알고 있다. 그 점을 꼬집어 지적하는 건 상처에 소금을 뿌리는 격이다. 선수는 기분이 상하게 되고 코치의 말을 더욱 듣지 않게 된다.

> **화를 내면 선수의 기분만 상하고
> 코치의 말을 더욱 듣지 않게 될 뿐이다.**

허샤이저로부터 배운 '소리 지르기'

코치는 여러 방면으로 신경을 써야 하는 자리다. 선수 때와 같이 몸을 혹사하지는 않지만 머리는 끊임없이 돌아간다. 나는 회사를 다닌 경험은 없어서 잘 모르겠지만 많은 중간관리자 분들도 같은 애환을 겪고 있으리라 생각한다.

나의 스트레스 해소법은 산책이다. 주로 삿포로돔 주변을 걷는다. 원정 경기를 가면 묵고 있는 호텔 주변을 걷는다. 시간이나 거리는 정하지 않고 걷고 싶은 만큼 걷는다. 그저 걷기만 할 뿐인데도 걷다 보면 조금씩 머리가 정리되면서 가벼워진다. 신기한 일이다.

선수 시절에는 등판한 다음 날에 가는 웨이트 트레이닝장이 스트레스를 발산하는 장소였다. 좋은 피칭을 한 다음날은 당연히 좋은 기분으로 운동을 했다. 경기를 망친 다음날은 "악!" 하는 소리를 지르면서 운동기구를 마구 들었다. 몸을 단련하면서 기분을 새롭게 할 수 있는 좋은 방법이라고 생각한다. 코치가 되어서도 자주 웨이트 트레이닝을 하면서 기분전환을 했다. 요즘은 나이가 나이인지라 달리기와 걷기를 주로 한다. 운동 강도는 낮아졌지만 그렇게라도 몸을 움직이면 뇌에도 좋은 자극을 주게 된다.

젊은 선수들에게는 스트레스 해소법으로 '소리 지르기'를 추천하고 싶다. 오래 전부터 열렬한 팬이었던 오렐 허샤이저가 가르쳐준 방법이다. 허샤이저는 메이저리그 통산 204승, 59이닝 연속 무실점이라는 대기록을 가지고 있는 레전드 투수다.

메이저리그에는 내가 선수 시절 그랬던 것처럼 타자들에게 두드려 맞고 내려와 벤치에서 소란을 피우는 투수가 꽤 많다. 덕아웃에서는 얌전한데 라커룸에서 심하게 난동을 부리는 선수도 있다. 덕아웃이나 라커룸에 있는 비품이나 벽을 부수고 배상청구서를 받더라도 어마어마한 연봉의 메이저리거에게는 대수롭지 않은 금액이다. 그보다는 화풀이를 하다가 자기 몸을 다치게 하는 게 더 큰 문제다. 그렇게 다치면 많은 것을 잃어버리게 된다.

실제로 일본에서도 그러한 사례가 있었다. 던지는 손은 아니었지만 덕아웃의 벽을 세게 치는 바람에 뼈가 부러진 투수가 있었다. 나중에 메이저리그에서 홈런왕 타이틀을 차지한 한 외국인 선수는 삼진을 당하고 분한 나머지 배트를 땅으로 집어 던졌는데,

던진 배트가 다시 튕겨져 올라오며 손에 맞아 뼈가 부러진 적이 있다. 프로 선수는 몸이 재산이다. 다치면 경기에 나설 수가 없다. 성적을 내는 것은 다음 문제다. 경기를 뛰는 것이 먼저다.

그런 면에서 '소리 지르기'는 아무리 심해도 목을 다치는 정도로 끝낼 수 있다. 몸을 사용하지 않고 소리를 지르면서 감정을 분출하는 방법을 생각한 허샤이저는 역시 최고의 프로의식을 가진 선수였다. 허샤이저로부터는 감정조절뿐만 아니라 기술적인 부분에 대해서도 많은 조언을 들었다. 그가 은퇴할 무렵에 뉴욕 메츠로 와서 팀 동료가 된 것은 나에게는 정말 행운이었다.

덧붙이자면 시대에 따라서 같은 행동이라도 주위의 시선이 바뀐다. 내가 선수 생활을 할 때는 덕아웃이나 라커룸에서 소란을 피워도 나무라는 사람이 거의 없었다. 그런 선수가 많았기 때문이다. 다들 그런 모습에 익숙해졌고 오히려 열정이 있다고 좋게 받아들이는 분위기도 있었다. 그런데 지금은 그런 선수가 있으면 덕아웃의 분위기가 썰렁해진다. 보기 안 좋다고 하는 팬들도 있다. 니혼햄 파이터스에서는 덕아웃 뒤에서는 상관이 없지만 덕아웃에서는 난폭한 행동을 하지 못하도록 금지했다. 나는 다음 등판 모드로 스위치를 바꾸기 위해 선수가 하는 약간 거친 행동은 비교적 긍정적으로 본다. 하지만 이것도 시대의 흐름이라 생각하고 있다.

한 경기의 철저한 준비가 시즌을 망치게 할 수 있다

한 시즌 동안 투수진의 컨디션을 유지하기 위해서는 몸과 마음 양쪽을 다 살펴볼 필요가 있다. 선발투수는 로테이션이 있기 때문에 마운드에 올라가는 날이 어느 정도 정해져 있다. 일본 프로야구 시즌은 대체로 일주일에 하루는 경기가 없는 날이다. 주로 월요일에 쉬니까 화요일부터 일요일까지 주 6일을 여섯 명의 투수로 돌린다. 한 주에 한 번 경기에 나가는 페이스다.

마무리투수는 마지막 1이닝 등판이 기본이다. 대부분 3점 차 이내로 이기고 있을 때 세이브를 올릴 수 있는 상황에서 올라가 공을 던진다. 플레이오프같은 중요한 경기에서는 8회부터 마운드에 오르는 경우도 있지만 마무리 투수의 기용법은 그다지 어렵지 않다. 투수 본인도 어느 타이밍에서 던져야 하는지를 알고 있기 때문에 불펜에서 준비하기가 쉽다.

가장 준비하기 어려운 포지션이 불펜이다. 경기의 흐름에 따라 언제 등판할지 어느 정도는 읽을 수 있지만 앞서 던지던 투수가 갑자기 연속 안타를 맞거나 볼넷을 연거푸 내주어서 갑작스레 투입되는 일이 드물지 않게 일어난다. 감독이 교체를 결심했을 때 투수의 몸이 아직 준비되지 않은 경우도 많다.

나는 긴테쓰 버팔로스에서 마무리를 경험했다. 물론 7회부터 마운드에 올라 경기가 끝날 때까지 던질 때도 있었다. 그 후에는 오래도록 선발투수를 했다. 마무리는 지고 있을 때 등판하는 일이 거의 없다. '자, 내가 나갈 때가 왔네.' 이런 생각이 들 때 벤치에서도 마운드로 가라는 사인이 떨어진다. 사실 딱히 생각할 일이 많지는 않다.

    메이저리그 마지막 해에 딱 한 번, 뒤에 나와 긴 이닝을 던지는 롱릴리프를 한 적이 있다. 그때 처음으로 불펜투수가 경기를 준비하는 어려움에 대해 알게 되었다. 감독 입장에서는 불펜 투수들이 모두 언제라도 나갈 수 있는 상태로 준비하기를 바란다. 감독의 그런 마음은 당연히 이해한다. 상대 타순을 고려해서, 각각의 타자에게 어느 투수가 강하고 약한지를 파악해 그 상황에 가장 맞는 투수를 내보내고 싶기 때문이다. 하지만 불펜이 감독의 기대에 완벽하게 부응하려면 항상 누군가가 준비를 해야 한다. 상대 타자가 오른손타자인지 왼손타자인지에 따라서 불펜투수를 선택하려고 하면 불펜에서 늘 두 명이 몸을 풀어야 한다. 그러다가 한 명은 경기에 투입되지 않는 일이 생긴다. 이런 상황이 반복되면 불펜투수들의 피로는 점점 쌓이게 된다. 시즌 도중에 불펜이 무너질지도 모른다.

    마무리투수는 패색이 짙은 상대에게 쐐기를 박는 존재다. 압도적인 마무리투수가 있으면 그 존재만으로도 상대 팀 덕아웃에는 포기하는 기운이 감돈다. 그런데 불펜이 투입되는 경기 후반부에는 경기의 흐름이 어디로 전개될지 알 수 없는 물고 물리는 장면이 계속 일어난다. 이럴 때 불펜의 좋은 피칭은 상대 팀으로 넘어가는 흐름을 끊어주고 우리 팀의 기세를 올리는 계기가 된다. 접전을 승리로 이끄는 것도 불펜투수들의 역할에 달려 있다. 야구에서 아주 중요한 자리가 불펜이다.

**불펜이 감독의 기대에 완벽하게 맞추려면
항상 누군가가 준비를 해야 한다.
투수들의 피로가 쌓이는 이유가 된다.**

많이 던져야 몸이 풀린다는 생각을 버리자

일본 투수들은 불펜에서 공을 너무 많이 던지는 경향이 있다. 어깨가 식지 않도록 하면서 패스트볼과 변화구, 투구폼 등 여러가지 것들을 확인하고 싶어 한다. 대체로 25개 정도 던지는 게 일반적인 것 같다. 나는 이것도 너무 많다고 생각한다. 정규 시즌만 해도 140경기가 넘게 있고 클라이막스 시리즈와 일본시리즈까지 진출하면 경기의 수는 더욱 많아진다. 시즌 마지막까지 제대로 힘을 발휘하려면 되도록 피로가 쌓이는 것을 피해야 한다.

일본보다 경기수가 더 많은 메이저리그에서는 불펜에서 체조를 하거나 밴드를 당기거나 해서 어깨 주변에 혈액 순환이 잘 되게끔 웜업 운동을 하고 나서 공을 던지는 투수들이 많다. 그 중에는 캐치볼을 할 때 처음부터 세게 던지는 투수도 있다. 저마다 몸을 준비하는 방식은 다르지만 대체로 다들 적게 던지려고 신경을 쓴다.

나는 불펜투수들에게 15개 이내로 던지고 마운드에 오를 준비를 마칠 수 있도록 주문한다. 이전까지 충분히 많이 던지면서 몸을 풀던 투수들은 그렇게 할 수는 없다며 처음에는 당황스러워한다. 하지만 해보면 된다. 익숙해지면 되는 일이다. 처음에는 낯설고 어색해했지만 이제는 겨우 7개만 던지고 마운드로 갈 준비를 끝내는 선수도 나타났다.

그리고 일본에서는 투아웃이 되면 공격을 하고 있는 팀의 투수가 덕아웃 앞에 나와 캐치볼을 하는 모습을 흔하게 볼 수 있다. 프로야구뿐만 아니라 고시엔 고교야구에서도 늘 보는 풍경이다. 다음 이닝부터 대수비로 나가는 내야수도 마찬가지다. 그런데 엄밀히 말하면 그건 원래 규칙 위반이다. 경기 중에는 수비를 하고 있는 선수 외에는 1루와 3루의 베이스코치, 대기 타석에서 기다리는 타자만 그라운드에 들어갈 수 있다. 일본에서 묵인되고 있을 뿐이다. 메이저리그에서는 당연히 하지 않고 국제 경기에서도 그런 모습은 볼 수 없다.

일본 투수가 메이저리그로 가면 어떻게 하는지 화제가 되곤 하는데, 덕아웃이나 불펜에서 나와 캐치볼을 하면 안 되는 것이 규칙이므로 거기에 맞출 수밖에 없다. 실제로 메이저리그로 간 모든 일본 투수들이 규칙대로 하고 있다. 아마추어 시절부터 습관이라서 미리 안 던지면 몸이 안 풀린다고 굳게 믿고 있는 선수들이 많다. 일본도 그라운드에 나와 미리 몸을 푸는 것을 금지해야 한다고 생각한다. 그렇게 하면 어릴 때부터 적게 던지며 몸을 푸는 습관을 들일 수 있을 것이다.

'일단 몸풀기'는 이제 그만!
몸을 풀 때 투구수를 줄이는 것과 함께 신경쓰는 게 또 하나 있다.
'준비는 딱 한 번만!'
준비는 마운드에 올라가기 직전에만 한다는 것이다. 일본에는 오래 전부터 그날 불펜에 투입되는 투수는 일단 몸을 한번 풀어놓는 관행이 있다. 그렇게 미리 몸을 풀어 두면 긴급한 상황에서 바로 대응할 수 있다고 생각한다. 그런데 경기에 투입될 지도 확실하지 않고, 언제 마운드에 오를지도 모르는데 그렇게 미리 몸을 풀어놓으면 시즌 후반부에 그 대가를 치르게 된다.

"시합이 어떻게 흘러갈 지 모르니까 던질지 아닐지 알 수 없어도 일단 몸을 풀어둬."

벤치에서 흔히 내리는 지시다. 하지만 일단 몸을 풀어두라는 말을 들은 선수는 언제 올라갈 지 모르기 때문에 바로 공을 던질 수 있을 정도까지 준비를 하게 된다. 그러다가 "아직 호출이 없으니까 대기!"라는 지시를 받고 다시 의자에 앉는다. "올라갈 지 모르니까 한 번 더 몸을 풀어놓자." 이런 지시가 다시 내려와 공을 던진다. "아, 지금은 안 올라가도 돼." 하는 벤치의 사인이 떨어진다.

이렇게 되면 한 경기를 하는 동안 3~4번 몸을 풀게 된다. 한 번 준비할 때마다 25개를 던진다고 가정하면 마운드에 오르기 전에 이미 75~100개 정도를 던지는 셈이다. 그런 다음 마운드에 오르면 힘이 부칠 수밖에 없다. 그 경기에 등판하지 않았다고 해도 몸에 가해진 부담은 제법 크다. 불펜투수들은 눈에 보이지 않는 운동량이 제법 많다는 점을 분명히 인식해야 한다.

'준비는 한 번만! 15개 이내로!'

이런 원칙을 세워두면 불펜투수들의 부담이 크게 줄어든다. 경기를 거듭할 수록 차이는 더욱 커진다. 어느 쪽이 시즌 종반까지 컨디션을 유지하기 좋은지는 명백하다. 니혼햄 파이터스는 내가 코치가 되기 전부터 이런 방식으로 불펜을 운영하고 있었다. 아마도 나시다 감독 이전에 팀을 이끌었던 트레이 힐먼 감독님께서 메이저리그 방식을 도입한 것 같다. 내가 코치가 되었을 때 니혼햄 파이터스에는 이렇게 하는 선수가 많았다.

2015년 소프트뱅크 호크스에서도 이 방식을 도입했다. 불펜코치였기 때문에 불펜이 어떻게 굴러가는지 들여다볼 수 있었다. 그때까지는 많은 불펜투수들이 옛날 방식으로 준비를 하고 있었다. 미국 야구의 경험이 있는 데니스 사파테와 이가라시 료타가 공을 적게 던지는 방식을 이미 실천하고 있어서 젊은 투수들에게도 권해주었다.

어느 경기에서 잘 던지던 선발투수가 갑자기 난타를 당하기 시작했다. 안 되겠다는 생각이 들어 불펜에서 준비를 시작했다. 얼마 지나지 않아 덕아웃에서 전화가 왔다.

"○○ 올릴 수 있겠어?"

"아직 준비가 안 됐습니다. 타자 두 명만 더 기다려 주세요."

이렇게 대답했다가 나중에 불펜이 해이하다고 구도 감독님으로부터 혼이 났다. 대체로 감독은 불펜이 항상 준비되어 있어야 한다고 생각하기 때문에 충분히 화를 낼 만하다. 하지만 그렇게 감독의 주문에 100% 맞추다가는 1년 동안 불펜을 정상적으로 가동하기가 어렵다. 그 일이 있고 나서 구도 감독님과는 충분히 대화를 나누었다.

지금은 불펜코치가 아니기 때문에 구리야마 감독님 가까이에 서 있을 때가 많다. 하지만 계속 덕아웃에만 있는 것은 아니다. 우리 팀이 공격을 할 때는 되도록 불펜에 가보려고 하기 때문에 덕아웃에 없는 시간도 꽤 있는 편이다. TV 중계를 보면 카메라가 벤치에 있는 감독과 코치를 종종 비춰주는데 대체로 위기 상황인 경우가 많다. 투수를 바꿀 움직임이 있는지 확인하려는 것이다. 그걸 보며 투수코치는 항상 덕아웃에 있다고 생각할지 모르겠지만 사실은 다르다. 불펜에서 선수들을 관찰하고 불펜코치와 정보를 공유하는 시간도 제법 많다. 팀 전체의 투수운용을 책임지는 투수코치로서 아주 중요한 일이다.

평소에는 불펜포수와도 이야기를 자주 한다. 날마다 불펜투수들의 공을 받고 있는 선수들이다. 준비하는 모습도 눈으로 직접 보고 있다. 매일같이 공을 받기 때문에 투수의 몸이 무거워 보인다든지 하는 미세한 변화도 알아차린다. 투수들의 컨디션을 관리하는데 불펜포수의 눈은 아주 좋은 참고가 된다.

불펜에서의 준비는 최소한으로!
에너지를 쏟아부을 곳은 어디까지나 경기다.

왼손타자를 꼭 왼손투수로 상대할 필요는 없다

투수는 이닝이 새로 시작될 때 바꿔주는 것이 가장 좋다. 다음 이닝부터 올라가라는 말을 들으면 투수는 몸도 마음도 준비하기가 쉽다. 선발이 6회를 던지고 마운드를 내려온다면 7회에 두 번째 투수, 8회에 세 번째 투수가 던지고, 9회는 마무리 투수가 나오는 흐름이다. 이런 패턴의 전형적인 예가 2000년대 중반의 한신 타이거즈다. 제프 윌리엄스(J), 후지카와 큐지(F), 구보타 도모유키(K)가 7, 8, 9회 한 이닝씩을 맡아 던졌다. 세 명의 이름 머리글자를 따서 승리의 방정식 "JFK"라고 불렸었다. 불펜이 이렇게 확실히 자리잡은 팀은 강할 수밖에 없다.

이렇게 이닝 별로 준비하는 것이 아니라 상대팀 타자를 고려해서 '2번 타자까지 가면 OO로 바꾼다' 같은 방침으로 운영되는 순간 불펜의 준비는 어려워진다. 예를 들어 상대 팀의 공격이 7번부터 시작인데 1번 타순까지는 오른손타자가 네 명 이어지다가 2번부터 왼손타자가 연달아 세 명 나온다고 가정해 보자. 2번 타자까지 가면 왼손투수로 바꾼다는 계획을 세운다. 7, 8, 9번을 삼자범퇴로 막아 내거나 한 명만 출루를 허용하고 이닝이 끝나면 베스트다. 그런데 야구가 원하는 대로만 흘러가는 것은 아니다. 2번 타자부터 상대할 예정인 투수는 준비를 하고 있어야 한다.

원아웃 1, 2루가 되어 '이제 곧 부르겠지' 하고 생각해 페이스를 끌어올렸더니 바로 앞 1번 타자에서 더블플레이로 이닝이 끝나는 경우도 있다. 그렇게 되면 우리 팀의 공격이 끝난 다음에 올라가야 하기 때문에 다시 몸을 풀어야 한다. 점수 차가 더 벌어져 등판 자체가 없어질지도 모른다. 불펜투수들은 이렇듯 신체적으로도 심리적으로도 부담이 크다.

덧붙여서 말하자면 일본에서는 '왼손타자에게는 왼손투수, 오른손타자에게는 오른손투수'를 올리는 것이 투수 운영의 정석이라고 믿는 경향이 아직도 강하다. 내가 볼 때 이것은 잘못 이해하고 있는 사실이다. 치기 쉬운지 어려운지는 투수가 던지는 공의 움직임에 따라 결정된다. 왼손투수라도 자신이 던지는 패스트볼과 변화구의 궤적에 따라서는 오히려 오른손타자에게 강한 선수도 있다. 단순히 왼손타자니까 왼손투수라고 생각해서는 곤란하다.

니혼햄 파이터스에는 2016년 시즌이 끝나고 요미우리 자이언츠에서 트레이드되어 넘어온 왼손투수 구몬 가쓰히코가 있다. 스리쿼터에서 뿜어져 나와 오른손타자 몸쪽을 파고드는 시속 150km의 빠른 공이 일품이다. 많은 투수들이 마운드판의 가운데를 밟고 던지는데, 구몬은 마운드판의 1루쪽을 밟고 던진다. 투수의 시점에서 보면 마운드판의 왼쪽으로부터 홈플레이트 오른쪽을 향해 날아가는 궤적이다. 타자가 볼 때는 공이 날아오는 각도가 무척 크게 느껴진다. 왼손타자는 공이 등 쪽에서 날아오다가 중간에 바깥쪽으로 달아나는 듯 느껴진다. 반대로 오른손타자는 공이 자신을 향해서 날아오는 것 같이 보여 움츠러들게 된다.

실제로 많은 오른손타자들이 구몬의 공을 껄끄러워했다. 구몬 자신도 그 사실을 알고 있어서 오른손타자를 만나도 자신있게 공을 던졌다. 그렇기 때문에 오른손타자가 연달아 나오는 상황에서도 당연히 구몬을 마운드로 올려보내곤 했다. 그런데 여전히 TV 중계의 아나운서와 해설자들은 "오른손타자가 계속 나오는데 왼손투수인 구몬을 올리나요?" 이런 말을 하고 있다.

좌우 어느 한 쪽에 극단적으로 약한 타자는 약한 쪽 투수가 선발로 나오면 라인업에서 빠지는 경우가 많다. 선발로 나가더라도 자신이 약한 유형의 투수로 바뀌면 대타로 바뀔 가능성이 크다. 그러면 경기에 나가는 기회가 점점 줄어든다. 그렇기 때문에 타자라면 좌우투수 관계없이 공을 때려낼 수 있도록 연습한다. 왼손투수를 많이 만나는 왼손타자는 공을 잘 때려내기 위한 대책을 세운다. 그렇게 해서 오히려 오른손투수보다 왼손투수가 더 자신있는 왼손타자도 있을 것이다. 아무리 해도 한쪽 투수의 공을 못 치겠으면 스위치 히터로 바꾸는 방법도 생각해 볼 수 있다. 타자를 상대하는 투수도 마찬가지다. 각각의 투수와 맞붙은 데이터를 보면 타자의 패턴을 알 수 있다. 단순히 '왼손타자니까,

오른손타자니까' 하면서 단순하게 결론을 내서는 안된다.

멀티 이닝을 던져도 되는 투수의 특성

일본의 선발투수는 일주일에 한 번 마운드에 오르는 것이 기본이지만 불펜투수가 등판하는 날은 미리 정하기가 어렵다. 연투를 해야 하는 날도 있지만 한동안 던지지 않는 기간이 생기기도 한다. 경기 초반에 선발투수가 무너져서 롱릴리프로 던지고 나서 일주일 이상 쉴 때도 가끔 있다.

불펜투수를 운용할 때는 신체적인 특징이나 성격 등을 고려해야 한다. 이틀 연속으로 공을 던져도 전혀 상관없는 타입이 있는가 하면 이틀째 던질 때는 두드러지게 구위가 떨어지는 선수도 있다. 다만 이런 특성은 체력과 기술적인 면에서 개선할 수 있는 부분이 있다. 개인차나 적성의 차이가 크게 나타나는 것은 멀티 이닝 투구가 아닐까 싶다. 다음 이닝도 던질 수 있는지를 판단하기 위해서는 선수의 심리적 특성을 잘 들여다볼 필요가 있다.

지금 투수로는 더 이상 막을 수 없다고 판단하면 급하게 이닝 중간에 투수를 바꾸게 된다. 바뀐 투수는 주자가 쌓여 있는 위기 상황에서 마운드에 오르게 된다. 어느 정도 큰 점수차로 이기고 있으면 한두 점 정도는 줘도 괜찮다는 마음으로 조금 편하게 던질 수 있다. 하지만 1점도 주면 안되는 상황에서는 자신도 모르게 바짝 긴장하게 된다.

여기서 코치가 생각해야 할 것은 다음 이닝도 이 투수를 마운드에 올릴 것인가 하는 선택이다. 필승조 역할을 하는 불펜투수는 많지 않다. 여기서 또 투수를 바꾸면 그만큼 많은 투수를 써야 한다. 위력적인 공을 던지며 위기를 벗어난 모습을 보여준 투수를 다음 이닝에도 올리고 싶은 마음이 드는 게 당연하다. 그런데 투수는 마운드를 한 번 내려가면 아무래도 들뜬 기분이 가라앉게 된다. 방금 전에 공을 던질 때와 같은 흥분과 긴장 상태를 유지하기가 어렵다. 다음 이닝도 던지려면 한 번 더 에너지를 끌어올려야 한다.

**선수는 저마다의 타고난 특성이 있다.
그것을 잘 파악해서 맞는 역할을 제공하는 게
코치가 할 일이다.**

다시 에너지를 잘 끌어올리는 투수라면 다음 이닝에 또 올라가더라도 그다지 문제가 없다. 그런데 그렇지 못한 투수들도 있다. 그런 선수는 다음 이닝에서 마치 다른 투수가 던지는 것처럼 어려움을 겪기도 한다. 물론 멘탈도 훈련으로 발전시킬 수 있는 영역이다. 하지만 선천적인 성격에 크게 영향을 받는 것도 사실이다. 벤치에서는 그런 선수의 성향을 미리 확실히 파악해 두고 멀티 이닝에 적합한 투수인지를 판단해야 한다.

1점 차로 지고 있을 때 어떤 선수를 올려야 할까?

연투를 해도 그다지 힘이 떨어지지 않거나 힘들지 않다고 말하는 선수들이 있다. 그렇더라도 3일 연속 마운드에 올리는 일은 되도록 피하려고 한다. 시즌 중에 3연투를 두세 번 하게 되면 그 후에 던지는데 크게 영향을 받는다. 시즌 막바지에 우승을 다툴 때는 어쩔 수 없을 때도 있지만 가급적 3연투는 하지 않는 게 좋다.

투수는 어떠한 상태에서도 최선을 다해서 던지려고 한다. 그러므로 감독, 코치가 해야 할 일은 오히려 선수의 그런 마음을 자제시키면서 경기 출전 일정을 컨트롤하는 것이다. 시즌 초반부터 3연투와 같은 무리한 피칭을 반복하면 시즌 후반부의 승부처나 플레이오프에서 제대로 실력을 발휘할 수 없다. 투수가 아무리 굳은 의지로 마운드에 올라간다고 해도 몸이 따라주지 않게 된다. 2016년에 니혼햄 파이터스는 시즌 막판에 극적으로 1위로 올라서며 리그 우승을 차지했는데 그해에는 3연투를 한 투수가 거의 없었다.

연투를 하지 않도록 코칭스태프가 신경을 써서 마운드에 올리면 투수들에게 그 마음이 전해지기 마련이다. 자신의 몸을 코칭스태프가 잘 챙겨준다고 선수가 느끼면 어려운 상황에서 올라가라는 말을 들어도 "예! 저한테 맡겨주세요!" 이렇게 기꺼이 던지겠다는 마음을 내게 된다. 반대로 시즌 초반부터 지나치게 자주 등판을 시키면 표현은 하지 않아도 '또 던져?' 하는 생각을 선수는 하게 된다. 투수에게 그런 마음이 자리잡게 되면 좋은 기분으로 마운드에 오를 수가 없다. 좋지 않은 피칭으로 이어질 가능성이 높아진다. 그렇기 때문에 가급적 연투를 시키지 않고 경기 출전 일정을 잘 조절하는 것은 단순히 선수의 몸뿐만 아니라 멘탈 컨디셔닝을 위해서도 중요하다. 잘 던지니까, 믿음직스러우니까 마구 쓰면 언젠가 반드시 대가를 치르게 된다.

많은 감독이 시즌 초반에 이겨놓지 않으면 시즌 막바지에 선두 그룹에서 경쟁할 기회가 없어질 거라고 생각한다. 그리고 선수 시절의 포지션과 관계없이 일본의 프로야구 감독은 공격에 초점을 맞춰 경기를 운용하는 경향이 있다. 투수 중심으로 생각하는 감독은 별로 없어 보인다. 외야수 출신인 구리야마 감독님 역시 공격을 중심으로 야구를 바라보는 분이라고 생각한다.

1점을 지고 있는 상황에서 수비를 하는데 위기를 맞았다고 가정해보자. 공격을 중심으로 사고하는 감독은 '여기서 실점하지 않고 넘어가면 다음 회에 역전할 수 있어. 오늘은 어떻게든 이기고 싶다. OO를 쓰고 싶어.' 이런 생각으로 지고 있는 상황에서도 필승조 불펜투수를 내보내기 쉽다. 하지만 그런 선택이 반복되면 필승조 불펜투수들의 부담이 갈수록 커진다. 시즌 중반이 넘어가면서 체력이 고갈되어 정작 중요할 때 힘을 내지 못하게 된다.

이럴 때 투수코치와 감독은 옥신각신하게 된다. 감독은 시즌 전체의 흐름을 생각하면서 "오늘은 꼭 이겨야 하니까 OO를 쓰고 싶다"고 말한다. 이런 감독의 직감은 존중해야 한다고 생각한다. 하지만 코치로서는 "네!"라고 쉽게 말할 수는 없다.

시즌 초중반에는 그런 상황에서 필승조 불펜투수들에게 가급적이면 의존하지 않으려고 한다. 오히려 나머지 투수들의 출전을 적극적으로 감독에게 어필한다. 아직 1군에 자리 잡지 못한 투수들이 실력을 향상시키는 계기로 삼고 싶기 때문이다. 크게 지고 있을 때, 이른바 패전처리로만 던져서는 접전일 때의 긴장감을 경험할 수가 없다. 그렇게 압박감이 떨어지는 상황에서만 계속 나오면 경기가 엎치락뒤치락하는 긴박한 상황에서는 어떻게 던질 것인가? 비록 지고는 있지만 1~2점 차 접전 상황에서 나와 좋은 결과를 얻으면 큰 자신감을 얻게 된다. 비록 결과가 좋지 않았다고 하더라도 1군 마운드의 냉엄한 세계를 직접 경험하게 된 것이므로 좋은 공부가 된다. 선수는 반성할 점을 재료로 삼아 성장하면 된다.

특히 1점차로 지고 있는 상황에서 나는 꼭 필승조가 아닌 투수를 쓰려고 하는 편이다. 필승조 불펜을 내보내서 실점을 하지 않고 역전의 발판을 마련하고 싶다는 마음도 이해하지만, 앞서 말한 것처럼 그런 선택은 필승조 불펜에 장기적으로 악영향을 미치게 된다. 나머지 유망주 투수들이 성장할 수 있는 기회도 놓치게 된다. 유망주 투수들이 좋은 경험을 통해 성장하기 위해서는 이런 결단이 반드시 필요하다.

필승조가 아닌 투수를 추천해서 마운드에 올렸는데 결과가 좋지 않으면 추천한 투수코치가 책임을 지면 된다. 눈앞의 승리에만 집착하면 팀은 성장하지 못한다. 물론 감독도 알고 있다. 하지만 감독은 항상 결과를 요구받는 자리다. 그러므로 비록 의견이 안 맞는다고 해도 '어차피 감독이 결정할텐데. 말해봤자 시간낭비야.' 이렇게 생각하며 의사소통을 포기하면 안된다. 생각이 다를수록 오히려 반대가 되어야 한다. 서로 다른 생각을 맞춰 가기 위해 코치는 감독과 긴밀한 의사소통을 게을리해서는 안 된다.

**지고 있는 접전 상황은
유망주 투수들을 성장시킬 수 있는 절호의 기회다.**

불펜투수들이 시즌이 끝날 때까지 제대로 역할을 하지 못하면 우승을 위한 경쟁은 사실상 불가능하다. 자랑하는 것처럼 들릴지 모르겠지만 결국 결과가 말해준다. 2017년 시즌까지 8년 동안 투수코치를 하면서 네 시즌을 우승했다. 물론 나 때문에 우승을 했다는 생각은 조금도 없다. 2015년과 2016년에는 2년 연속으로 두 팀(소프트뱅크 호크스와 니혼햄 파이터스)에서 일본시리즈 우승도 경험했다.

나는 나의 방식을 믿는다. 2년 연속 일본시리즈를 제패한 것은 두 팀에서 모두 불펜투수들의 컨디션을 마지막까지 잘 유지한 덕이라고 생각한다. 2017년의 소프트뱅크 호크스는 우승을 놓친 전년도의 쓰라린 경험을 반성하며 불펜운용 방식을 완전히 바꿨다.

불펜에서 쓸데없이 공을 많이 던지지 않게 하는 준비 방식은 최근 들어 다른 팀에도 퍼지고 있다. 많은 미디어들이 이를 관심 있게 다루고 있다. 지금은 관중석에서 불펜이 보이는 곳이 별로 없다. 세이부 라이온즈의 홈구장인 세이부돔이나 야쿠르트 스왈로즈의 홈구장인 진구 구장에 경기를 보러 간다면 양 팀 불펜의 움직임을 주목해서 보기를 추천한다. 어느 타이밍에서, 누가, 어느 정도의 피칭 연습을 하고, 실제로는 어떤 투수가 등판하는지 등을 눈여겨 보면 팀의 투수 운용 방식을 읽을 수 있다.

4장

개인이 먼저고
그 다음이 팀이다

최고의 팀워크는 선수의 개성으로부터 나온다

야구는 팀 스포츠이면서도 개인 종목에 가까운 스포츠라고 생각한다. 투수 두 명이 동시에 마운드에 오르는 일은 없다. 타석에서는 선수도 언제나 한 명이다. 야구의 기본은 투수와 타자의 일대일 승부. 나는 선수 각자의 개성이 모여 그 팀의 색깔을 만들어야 한다는 믿음을 가지고 있다.

"선수 한 명 한 명의 색깔이 합쳐져서 아오야마의 색깔이 되면 된다."

2018년 하코네 역전 마라톤 대회*에서 4년 연속 우승을 달성한 아오야마 대학교의 하라 스스무 감독이 한 말이다. 팀 컬러에 선수들이 맞춰야 한다고 말하지 않는다. 팀워크를 잘못 이해하고 있는 지도자들이 무척 많다. 선수마다 가지고 있는 개성을 지우고 무조건 하나가 되어야 한다고 요구한다. 선수 각자가 개성을 마음껏 발휘하며 최선을 다하는 과정 속에서 자연스럽게 팀워크가 발현되도록 하는 것이 이상적이라고 나는 생각한다.

팀의 전체 투수진은 골프클럽 세트와 같다. 선발투수가 드라

---

* 대학 선수들의 구간 마라톤 대회로 해마다 신정 무렵에 열리는 일본의 인기 육상 대회

이버라고 한다면, 홀까지의 거리가 아직 멀어서 공을 멀리 보내고 싶을 때 사용하는 3번 우드는 롱릴리프에 해당한다. 퍼터가 마무리투수라면 불펜투수는 다양한 종류의 아이언이다. 골프백 안에 아이언이 하나밖에 없다면 필드에서 일어나는 다양한 상황에 적절히 대응할 수가 없다. 벙커에 빠졌을 때는 샌드웨지가 필요하다. 위기상황에서 올라가는 원포인트 릴리프의 역할과 같다.

선수가 자신의 개성을 살리려면 먼저 자기 자신에 대해 잘 알아야 한다. 자신이 어떤 유형의 투수인지 강점과 단점을 분명히 인식할 필요가 있다. 1군과 2군을 오가는 선수는 자신의 장단점을 완전히 파악하지 못하고 있는 경우가 많다. 주변에서 하는 말을 곧이곧대로 받아들이면서 착각하기도 한다. 아마추어 때는 강점이었던 부분이 프로에서는 평범한 수준인 경우도 있다. 그래서 선수는 자신을 객관적으로 바라보는 눈을 키워야 한다.

사인과 볼배합도 포수에게만 맡겨서는 안 된다. 커브의 제구가 잘 되지 않는데 상대하는 타자가 커브에 약하다는 이유로 포수가 커브 사인을 냈다고 해보자. 포수는 커브로 스트라이크를 잡아서 유리한 카운트를 만든 다음에 패스트볼로 승부를 보겠다는 의도로 커브 사인을 낸다. 그런데 그렇게 던진 커브가 볼이 되어 오히려 카운트가 불리해진다. 어쩔 수 없이 다음 공으로 패스트볼을 던졌다가 안타를 맞고 만다. 경기를 하다 보면 흔하게 볼 수 있는 패턴이다. 이렇게 포수나 덕아웃에서 사인을 주는 대로만 던져서는 자신의 개성을 발전시킬 수 없다. 피칭에 대한 책임은 포수가 아닌 투수 자신에게 있다. 투수가 스스로에 대해 잘 모르니까 사인대로만 던지게 된다.

'나의 강점을 잘 활용할 수 있는 볼배합은 무엇일까?'

이런 질문에 스스로 답을 할 수 있는 투수라면 설령 같은 상황에서 안타를 맞았다고 하더라도 상관이 없다. 만약 강점이라고 생각했던 하이패스트볼을 던졌는데 장타를 얻어 맞았다면 자신의 패스트볼이 아직 통하는 수준이 아니라는 사실을 깨달을 수 있다. 그러면 선수는 패스트볼을 더욱 갈고 닦거나 변화구의 제구를 정교하게 가다듬기 위해 자발적으로 노력하게 된다.

**선수 각자가 자신의 강점을 잘 아는 것이
팀 케미스트리의 시작이다.**

평균을 따라가려다 강점을 잃어버린다

일본에서는 최근 데이터 측정장비인 '트랙맨'이 유행이다. 군사용 레이더 추적 시스템을 응용한 탄도 측정장비로 투수가 던진 공의 회전수와 회전축, 타자가 친 타구의 발사각과 타구속도, 비거리 등을 정확하게 알려준다.

트랙맨 같은 측정장비는 우리가 보통 '공 끝이 살아있다. 날카롭다.' 이렇게 말해왔던 공의 움직임을 수치로 보여준다. 투수의 릴리스포인트가 미세하게 차이나는 것도 확인할 수 있다. 구속만 알 수 있었던 시대와는 비교도 안 될 만큼 방대한 데이터를 얻을 수 있다. 이미 메이저리그의 30개 구단은 이런 측정장비를 도입해 선수육성에 활용하고 있다. 데이터분석 전문가들을 다수 고용하는 팀도 자연스럽게 늘어나고 있다. 일본의 프로야구팀도 거기에 영향을 받아 데이터 측정과 분석 시스템을 적극적으로 도입하고 있다.

데이터를 볼 때는 주의할 점들이 있다. 프로야구팀에서도 잘못 이해를 하고 있는 사람들이 종종 보인다. 예를 들어, 단순히 회전수가 좋다고 좋은 공은 아니다. 무조건 회전수를 높이려고 했다가는 오히려 경기력이 떨어질 위험도 있다. 일본 프로야구 투수들의 패스트볼 평균 회전수보다 자신의 회전수가 낮다는 것을 알게 된 선수가 평균을 따라잡으려 하는 경우가 종종 보인다. 데이터에 대한 오해 때문에 생기는 일이다. 투수는 오히려 '평균에서 벗어난' 공을 지향해야 한다. 평균에 가까운 공이란 바꾸어 말하면 '타자에게 익숙한 공'이다. 패스트볼이든 변화구든 평균에서 벗어나는 공이 그 투수만의 특별함이 된다. 그런 구질을 가진 투수는 타자와의 싸움을 유리하게 가져갈 수 있다.

회전수가 많은 투수로 바로 떠오르는 선수는 소프트뱅크 호크스의 마무리인 데니스 사파테다. 2017년에는 54세이브를 올려서 일본 신기록을 세웠다. 스피드가 시속 155km까지 나오는 데다가 강한 백스핀이 걸린 공을 던진다. 회전축이 지면과 거의 평행으로 형성되기 때문에 높은 존으로 들어오는 패스트볼은 타자가 볼 때 마치 떠오르는 것처럼 느껴진다. 타자의 예측보다 공이 살아서 들어오기 때문에 배트가 공의 아래를 지나며 헛스윙이 되는 경우가 많다.

니혼햄 파이터스에서 회전수가 좋은 투수는 우에사와다. 패스트볼의 스피드는 시속 140km 정도지만 마찬가지로 공이 잘 가라앉지 않아 많은 헛스윙을 이끌어낸다. 반면 시속 160km의 강속구를 던지는 오타니 쇼헤이의 회전수는 평범한 수준이다. 구속에 비해 공 끝이 살아오는 편이 아니어서 그런지 삼진보다 땅볼 타구가 많이 나오는 게 특징이다.

커브나 슬라이더 같은 변화구는 공을 손가락 안쪽으로 깊게 잡거나 느슨하게 걸치거나 해서 어느 정도 회전수와 회전축에 변화를 줄 수 있을지도 모른다. 손목의 방향을 바꾸면서 회전축에 변화를 줄 수도 있다. 그런데 패스트볼의 경우에는 일종의 재능이 아닐까 생각한다. 회전수는 어느 정도 늘릴 수 있을지 모르겠지만, 스피드를 떨어뜨리지 않고 회전수를 줄이는 방법을 나는 아직 모른다. 만약 회전수가 적은 공을 던지고 있다면 회전수를 늘려서 평균에 다가가려고 노력하기보다 반대로 회전수가 적은 공의 특성을 살리는 방법을 고민하는 게 좋다고 생각한다.

평균에 가까운 공은 타자에게 익숙한 공이다.
평균에서 벗어나는 공이 그 투수만의 특별함이 된다.

단점이 아니라 개성일 수 있다

이와 관련해 코치로서 제대로 이끌어 주지 못했다고 자책하게 만드는 선수가 사이토 유키다. 입단할 때부터 사이토가 그리는 이상적인 패스트볼은 공 끝이 살아서 떠오르는 이미지였다. 하지만 그가 던지는 패스트볼을 처음 보았을 때 나는 '빠르지만 처진다'는 인상을 받았다. 스피드건으로는 시속 150km 정도가 나오지만 타자 앞에서 살짝 가라앉는 듯한 느낌이 있었다. 하지만 사이토는 솟아오르는 듯 느껴지는 공을 던지고 싶어했고 나는 일단 시도해 보자고 하면서 지켜보기로 했다. 조금씩 좋아지는 것 같으면서도 원하는 결과는 따라오지 않았다.

트랙맨 시스템이 도입되어 사이토의 공을 측정해보니 그가 던지는 패스트볼 회전수는 일본 프로야구의 평균에 가깝다는 사실을 알게 되었다. 그렇다면 사이토는 '빠르면서도 회전수가 적은' 특별한 움직임을 가진 공을 가지고 있었던 셈이다. 거기서 회전수를 높여서 평균적인 공을 던지려고 그동안 노력을 해왔던 것이다. 나도 당시에 사이토에게 패스트볼이 '처진다'는 표현을 사용한 것을 반성한다. 살아서 들어오는 공을 던지고 싶었던 사이토는 나의 그런 말에서 부정적인 뉘앙스를 느꼈을 것이다. 지금이라면 '떨어지는 움직임이 있다', '패스트볼이 앞에서 살짝 가라앉는다'라고 말해줄 것이다. 그냥 던졌는데 자연스럽게 공이 움직였으므로 그 자체가 사이토만의 개성이라고 할 수 있었다.

나의 패스트볼도 자연스럽게 움직임이 만들어지는 특징이 있었다. 만약 트랙맨으로 측정했다면 회전수는 많고, 회전축은 비스듬히 기울어진 데이터가 나왔을 것 같다. 별다르게 움직임을 만든다는 생각없이 던져도 나의 패스트볼은 오른손타자의 몸쪽으로 살짝 휘어져 들어갔다.

그 당시에 코치들로부터 패스트볼의 움직임을 바꾸라는 이야기를 몇 번이나 들었다. 소위 말해 '떠오르는 느낌의 패스트볼'을 던져야 한다고 코치들은 계속해서 주문했다. 하지만 바꾸려고 해도 어떻게 해야 하는지를 모르니 바꿀 수가 없었다. 그러다가 프로 2년째인가 3년째 되는 해에 내가 던지는 패스트볼의 움직임이 특별하다는 사실을 깨닫고는 그 특징을 살리자고 마음을 먹었다.

그때부터 본격적으로 슈트를 연습했다. 오른손타자의 몸쪽을 파고 들게끔 변화를 주어서 배트의 중심에서 벗어난 먹힌 타구나 빗맞은 타구를 끌어낼 수 있었다. 다른 변화구와 비교했을 때 움직임 자체는 적지만 오른손타자가 봤을 때는 패스트볼이 날아오다가 갑자기 자신의 몸을 향해서 휘어져 들어오는 듯한 느낌을 주는 공이었다. 나의 슈트를 의식한 타자는 편하게 앞발을 안쪽으로 내딛을 수 없어서 바깥쪽 공을 치기 어려워했다.

포심 패스트볼은 공이 한 번 도는 동안 네 개의 실밥이 같은 간격으로 지나간다. 공의 궤적이 상대적으로 안정적이며 회전수가 높으면 '살아서 들어오는' 느낌도 그만큼 커진다. 이에 반해 투심 패스트볼은 실밥이 두 번 반 지나간다. 공이 회전할 때 실밥과 실밥 사이의 간격도 불규칙하기 때문에 포심과 똑같이 던져도 공에 움직임이 생긴다. 움직임은 투수마다 다른데 일반적으로 나처럼 슈트 회전이 걸리는 경우가 많다. 나는 투심 그립으로 바꾸고 검지와 엄지를 탁 부딪치는 방식으로 슈트를 던졌다. 그냥 던져도 슈트성 움직임이 있었기 때문에 비교적 빨리 습득할 수 있었다. 이 공이 내 야구 인생을 받쳐주는 무기가 되었다. 한때 단점이라고 생각했던 것이 장점으로 바뀐 것이다.

데이터를 있는 그대로 선수에게 전달하지 않는다

데이터가 아무리 많아도 객관적인 숫자에 불과하다. 트랙맨이 등장하면서 투수는 자신이 던지는 공의 특징을 알 수 있게 되었다. 그렇다고 해서 너무 데이터에 얽매여서는 안 된다. 아직도 많은 아마추어의 투수들이 깨끗한 궤적으로 살아서 들어오는 패스트볼을 던져야 한다는 말을 듣고 있다. 그래서 데이터를 보고 회전수를 높이거나 최대한 회전축을 지면과 평행으로 만들려고 한다. 그러다가는 사이토 유키가 그랬던 것처럼 선수가 가지고 있는 타고난 강점과 개성이 사라질 수 있다. 선수와 데이터 사이에서 강점을 잘 살리는 길로 이끌어 주는 것이 지금 시대의 코치가 해야 할 일이다.

데이터분석 전문가들에 따르면 투수가 던지는 패스트볼과 어떤 변화구가 어울리는 지도 분석이 가능하다고 한다. 패스트볼의 움직임에 따라 타자를 더욱 헷갈리게 만드는 변화구의 조합이 있는 것이다. 그런데 슬라이더는 쉽게 던지지만 커브는 던지기 어려워하는 투수가 있다. 투수의 신체 구조와 피칭 동작은 저마다 다르기 때문이다.

바이오메카닉스(생체역학) 분석도 마찬가지다. 피칭 동작을 분석

한 결과 "여기가 이렇게 움직이니까 이렇게 바꾸는 게 좋습니다." 이런 진단을 받았어도 쉽게 바꾸기는 어렵다. 피칭 동작은 이어지는 흐름으로 일어나기 때문에 어느 한 부분만 바꾸기가 정말 쉽지 않다. 고관절의 움직임을 지적 받은 투수가 고관절의 움직임에만 너무 집중하면 다른 신체의 움직임이 어긋날 수 있다. 한 쪽을 고치려다 다른 쪽에 계속 문제가 생기며 피칭 동작이 완전히 꼬이게 될 수 있다.

피칭 데이터든 바이오메카닉스 데이터든 과학적인 분석을 통해 나온 결과를 전달하기만 할 거라면 코치가 있을 이유가 없다. 주어진 수많은 데이터들을 코치가 먼저 곱씹어 보고 선수 한 명 한 명에 맞게 활용할 방법을 조언해 줄 수 있어야 한다. 나는 되도록 숫자는 선수에게 전달하지 않는 편이다. 데이터와 선수 사이에서 통역과 같은 역할을 하려고 노력한다.

**피칭 동작은 하나의 흐름이다.
어느 한 쪽을 고치려고 지나치게 의식하면
투구폼 전체가 흐트러지게 된다.**

메이저리그는 패스트볼도 기본적으로 움직임이 있는 공이라고 인식한다. 같은 패스트볼이라고 해도 공을 잡는 그립이나 팔스윙에 따라 공의 움직임은 천차만별이다. 그래서 무빙 패스트볼(moving fastball), 싱킹 패스트볼(sinking fastball)과 같은 말을 자주 사용한다. 뉴욕 양키스에서 2006년과 2007년 2년 연속 19승을 올린 대만 투수 왕첸밍은 싱커처럼 움직이는 패스트볼을 주로 던졌다. 언제나 이 공을 낮게 던져서 맞춰 잡는 피칭을 했다.

국제 경기에서 일본 타자들은 외국 선수들이 던지는 이러한 무빙 패스트볼에 고전하곤 한다. 또한 신기하게도 메이저리그의 타자들은 오히려 일본 투수가 던지는 포심 패스트볼을 치기 어려워한다. 일본에서는 당연한 패스트볼의 움직임이 그들에게는 익숙하지 않은 구질이기 때문이다. 메이저리그에서 많은 일본 투수가 활약을 펼치는 이유 중 하나가 바로 그런 패스트볼을 던질 수 있기 때문은 아닐까 추측해 본다.

원래부터 미국의 스포츠계는 데이터를 분석하는 것을 아주 좋아하는데 트랙맨 시스템이 도입되면서 더욱 방대한 데이터를 측정하고 들여다볼 수 있게 되었다. 홈런을 만들기 위한 발사각을 만들기 위해 타자들은 적극적으로 뜬공을 치려고 하는 트랜드다. 그러다 보니 공을 띄우기 위한 어퍼 스윙이 유행하고 있다. 그런데 어퍼 스윙의 배트 궤적은 낮은 공을 치기에는 유리하지만 높은 존으로 살아서 들어오는 패스트볼을 때려 내기는 쉽지가 않다. 이런 점도 수직 움직임이 좋은 일본 투수에게 유리하게 작용하고 있다.

어퍼 스윙하면 소프트뱅크 호크스의 야나기타 유키가 떠오른다. 야나기타 만큼은 아니더라도 일본에서도 어퍼 스윙을 하는 강타자들이 제법 있다. 어중간한 높이로 던지면 장타를 맞을 위험이 있지만 제구를 잘 한다면 높은 존으로 힘있게 들어오는 패스트볼이 큰 무기가 되는 시대가 오고 있지 않나 생각한다.

어떻게든 연습을 많이 하면 좋다는 생각을 버려라

투수의 어깨는 소모품이다. 동시에 실력을 향상시키기 위해서는 일정 수준의 던지는 양이 필요하다는 의견에도 동의한다. 결국 중요한 것은 연습의 질이다. 매일 하는 연습의 질을 확실히 관리해야 한다. 오늘은 몇 퍼센트로 던지는지, 몇 개를 던지는지, 세심하게 관찰하면서 양과 질의 균형을 생각해야 한다.

나무 테이블을 망치로 힘껏 내려치면 한두 번의 망치질만으로도 바로 두 동강이 나게 된다. 하지만 가볍게 툭 치는 정도라면 상처는 조금 나더라도 부서지기까지 상당한 시간이 걸린다. 투수의 팔도 마찬가지다. 연습의 질을 관리하면 어깨에 주는 부담을 줄이면서 던지는 횟수를 늘릴 수 있다.

한 시즌 동안 건강하게 공을 던지려면 불필요하게 투구수를 늘리지 않아야 한다는 점을 먼저 투수들에게 인식시켜야 한다. 실전 피칭만큼 몸에 큰 부담을 주는 것은 없다. 앞서 이야기한 것처럼 최대한 공을 적게 던지고 마운드에 올라가는 습관을 평소에 만들어 둘 필요가 있다.

투구수를 줄여야 한다는 생각에 시즌이 끝나면 한두 달 공을 놓고 던지지 않는 선수들이 있다. 그렇게까지 오래 쉬어야 한다는 말이 아니다. 시즌을 마치고 1, 2주 정도 쉬면 대체로 피로는 풀린다. 2주가 지나도 뭉친 어깨가 풀리지 않거나 몸의 어딘가가 이상하다고 느껴지면 적절한 치료가 필요한 상태다.

젊은 프로선수라면 '80%의 힘으로 50개' 정도는 1년 동안 계속 던져도 괜찮다. 강도를 더 줄여도 좋다. 마운드가 아니라 평지에서 캐치볼을 할 때는 다소 세게 던져도 상관없다. 나는 비시즌에도 어떻게든 공을 계속 던지는 게 좋다고 생각한다. 공을 전혀 던지지 않는 시간이 길어지면 피칭과 쓰로잉 감각 자체를 잃어버리기 때문이다. 선수로서, 코치로서 지금까지의 경험에 비추어보면 이 감각을 한번 잃어버리면 다시 되찾기까지 한 달 정도의 시간이 걸린다. 그렇게 피칭 감각을 잃어버린 상태에서 스프링 캠프에 합류하면, 감각을 되찾을 무렵에 캠프가 끝이 난다. 그래서는 시즌을 제대로 준비하기 어렵다.

아마추어 야구, 특히 고등학교와 대학교 야구부는 대부분 겨울에 피지컬 트레이닝을 중점적으로 한다. 여기에는 눈에 잘 드러나지 않는 함정이 있다. 피지컬 트레이닝을 할 수록 선수의 몸은 조금씩 바뀐다. 당연한 현상이다. 트레이닝을 하는 동안 공을 전혀 던지지 않으면 감각을 잃어버리게 된다. 트레이닝을 마치고 공을 던지면 몸이 변했기 때문에 피칭 동작이 바뀌기도 한다. 일부 선수들은 겨울철 내내 트레이닝을 통해 파워가 늘어났기 때문에 이전보다 강한 공을 던지게 된다. '이거 공이 좋아졌는데?' 하는 기쁜 마음에 너무 많이 던져서 어깨나 팔꿈치를 다치는 경우도 있다. 트레이닝을 하면서 동시에 어느 정도 피칭과 쓰로잉 연습을 해나가면 이러한 부작용을 막을 수 있다. 물론 강도와 투구수를 관리하며 해야 한다.

피지컬 트레이닝도 질과 양이 중요하다. 어느 일정한 선을 넘기면 트레이닝이 아니라 신체에 스트레스를 주는 요인이 된다. 극단적으로 말하면 몸을 망칠 뿐만 아니라 멘탈까지 병들게 만들 수 있다. 스트레스에 대한 내성은 사람마다 다르다. 어떤 선수는 운동기구에서 요란한 소리가 나도록 트레이닝을 해도 전혀 아무렇지 않은 반면, 어떤 선수는 똑같은 트레이닝을 하면 과부하가 걸려서 몸도 마음도 다치는 역효과가 날 수 있다. 선수의 차이를 잘 관찰해서 거기에 맞는 트레이닝을 제공해 줄 필요가 있다.

옛날 고등학교 야구부는 대부분 어떻게든 연습을 많이 하려고 했다. 좋은 방식이라고 할 수 없었다. 연습 시간이 너무 길면 선수가 충분히 쉬지 못한다. 내가 고등학생일 때는 일 년 중 연습이나 경기가 없는 날은 신정 하루뿐이었다. 최근에 명문 고등학교 출신인 20대 선수에게 물었더니 야구부 활동이 없는 날이 일 년에 이틀이라고 했다. 내가 고등학생일 때와 차이가 없어서 정말 놀랐다. '내년에는 라이벌을 따라잡자! 반드시 OO고를 뛰어넘자!' 이렇게 다짐을 하고 동계훈련 내내 온종일 이를 악물고 연습을 했었다. 그런데 운동은 많이 하지만 제대로 쉬지를 못해서 오히려 몸이 약해지곤 했다. 지금도 이런 일이 반복되어서는 안 된다.

**스트레스에 대한 내성은 사람마다 다르다.
무조건 단체로 하는 트레이닝은
선수의 몸과 마음을 다치게 할 수 있다.**

피지컬 트레이닝을 하고 난 다음에는 반드시 제대로 휴식을 취하고 영양가 있는 식사를 하도록 코치는 신경써야 한다. 최근에는 반드시 매주 쉬는 날을 만들자는 주장이 학교 야구팀에서 나오고 있다. 휴식일을 정해서 실천하고 있는 명문 고등학교 야구팀이 이미 나타났다는 이야기도 들었다. 트레이닝, 휴식, 영양! 지도자가 머리에 담아 두고 균형있게 실천해야 할 세 가지다.

자율훈련은 가급적 혼자서

겨울에 스포츠 뉴스를 보면 프로야구 선수가 비시즌에 훈련을 하는 모습이 자주 소개된다. 최근에는 선수들의 의식 수준이 높아져서 옛날보다는 휴식 기간이 짧은 편이다. 몸을 다시 준비하는 타이밍이 점점 빨라지고 있다.

대학원에 갔다가 투수코치로 니혼햄 파이터스에 복귀한 2016년과 그 다음 해인 2017년의 스프링캠프에서 선수들이 첫 불펜 피칭을 하는 모습을 보고 놀란 적이 있다. '몸을 잘 만들고 왔구나' 하는 생각에 내심 감탄했던 기억이 난다. 모두 첫날부터 좋은 밸런스로 공을 던졌다. 비시즌에 어떻게 훈련해야 하는지에 대한 정보도 많이 알려져 있고, 코치들도 자주 말하니까 알아서들 잘 준비하는 것 같다. 투수들 사이에 이러한 분위기가 형성된 것은 좋은 현상이다.

'OO가 XX의 문하생이 되다.'

'괌에서 OO선수의 캠프가 열리다.'

선수들의 개인 훈련을 다룬 이런 타이틀의 기사가 화제가 되곤 한다. 베테랑 스타 선수가 하는 개인 훈련에 어린 선수가 따라가서 함께 훈련한다는 내용이다. 훈련을 어떻게 해야 하는지 아직 잘 모르는 젊은 선수가 한두 번 따라가서 베테랑 선수와 그 선수가 고용한 트레이너와 함께 훈련하는 것은 좋다고 생각한다.

다만 어느 정도 훈련하는 방법을 알게 되면 혼자서 하는 게 좋다. 선수의 숫자가 늘어나 그룹이 되면 아무래도 조금씩 타협하면서 완전히 계획대로 몰입할 수 없기 때문이다. 나는 선수 시절에 비시즌 훈련을 대부분 혼자서 했다. 솔직히 따분했다. 그래도 꼭 해야 할 것이 무엇인지 알고 있었기 때문에 적당히 넘어가면서 스스로와 타협하지는 않았다. 그리고 나는 훈련 계획을 세우는 걸 좋아했다. 1개월 단위로 나누어서 계획을 세우고 차례대로 실천했다. 젊었을 때는 11월에는 주로 유산소 운동을 하면서 몸을 준비했다. 12월에는 심폐기능 트레이닝, 1월부터는 순발력 향상에 주안점을 두었다. 물론 그러는 동안에도 공은 계속 던졌다.

혼자 하는 훈련은 외롭다.
하지만 자신이 세운 계획대로 완전히 몰입할 수 있다.

내가 선수 생활을 할 때만 해도 메이저리그 선수들은 연습을 별로 많이 하지 않는다고 알고 있는 사람들이 많았다. 이제는 메이저리그의 문화가 일본에도 많이 알려져서 그렇게 받아들이는 사람은 별로 없을 것이다. 실제 메이저리그 선수들은 비시즌에 아주 강도 높은 훈련을 한다. 대부분의 선수들이 개인 트레이너나 코치를 고용해서 스스로를 강하게 몰아붙인다. 게으름을 피우다가는 눈 깜짝할 사이에 자리를 잃어버리는 곳이 메이저리그다. 성적이 떨어지면 연봉도 가차없이 줄어들기 때문에 트레이너와 코치는 선수의 성장을 위해 최선을 다해 훈련을 시킨다. 미국은 비시즌에 훈련을 하기 좋은 시설이 많다. 선수들은 저마다 선택한 트레이닝 센터나 아카데미 등에서 '개인 캠프'를 차린다. 프로선수로서 적극적으로 자신에게 투자하는 자세는 일본 선수들도 본받으면 좋겠다.

   내가 메이저리그에서 뛸 때 어느 센터에서 일본의 테니스 선수가 훈련하는 모습을 본 적이 있다. 테니스는 모든 신체능력을 발휘해야 하는 경기라서 연습 메뉴도 많고 트레이닝도 무척 힘들다. 심폐기능을 높이는 트레이닝은 야구선수가 하는 훈련과 비교도 되지 않는다. 내가 보기에 다섯 배 정도는 힘들어 보였다. '저러다가 정말 죽는 거 아니야?' 하는 생각이 들 정도였다.

   랜디 존슨이 비시즌에 훈련을 한 이야기도 나에게 큰 자극이 되었다. 랜디 존슨은 208cm의 큰 키로 시속 160km에 가까운 빠른 공과 고속 슬라이더로 통산 303승을 올린 대투수다. 꾸준한 자기관리로 46세까지 공을 던졌다. 40세 시즌에는 퍼팩트게임을 달성하기도 했다. 타석에서 그가 던지는 공을 체험한 적이 있는데, 스트라이크존으로 들어오는 슬라이더인데도 내 몸에 맞을 것 같은 공포를 느꼈다. 허리가 완전히 빠져서 스윙할 엄두가 나지 않았던 기억이 난다.

랜디 존슨은 해마다 크리스마스 휴가를 마치면 바로 불펜에서 공을 던지기 시작했다고 한다. 메이저리그의 스프링 캠프가 시작되는 날짜는 일본보다 조금 늦다. 하지만 그가 몸을 만들기 시작하는 시기는 일본의 프로야구 선수와 비슷하거나 조금 빨랐던 셈이다. 혹독한 생존 경쟁 속에서 오랫동안 정상급 활약을 할 수 있었던 것은 비시즌에 꾸준히 강도 높은 훈련을 해왔기 때문이다. 미국에서 랜디 존슨과 같은 선수들이 경기를 대하는 자세를 보면서 많은 것들을 배울 수 있었다.

최근에는 일본의 프로야구 선수들도 미국에 있는 첨단 시설을 이용하거나 일본에 있는 아카데미 등을 찾아간다. 비시즌에 훈련의 질을 높이려는 선수들이 늘고 있다는 증거다. 통계를 낸 것은 아니라 정확하지는 않지만, 그래도 개인적으로 트레이너를 고용하고 있는 선수는 내가 볼 때 10%가 안 될 거라 생각한다.

아직 연봉이 낮은 입단 1, 2년 차 선수라면 몰라도 고액 연봉을 받는 팀의 주축 선수들은 자신에게 아낌없이 투자를 했으면 한다. 젊을 때부터 그런 투자를 통해 밑바탕을 잘 만들면 장래에 반드시 유용한 자산이 된다. 젊었을 때 게으름을 피우다가 서른 살 가까이 되어서 무언가를 깨닫고 열심히 하려고 해도 기본적인 신체능력이 갖춰져 있지 않으면 고강도의 트레이닝을 견딜 수가 없다. 아무리 하고자 하는 마음이 커도 몸이 따라주지 않는다. 선수에게는 그것만큼 속상한 일이 없다.

과감하게 연습을 그만두곤 했던 다르빗슈

일본의 스프링 캠프는 2월 1일부터 시작한다. 캠프가 열리는 기간 동안에는 누가 불펜피칭을 했고 몇 개의 공을 던졌다고 하는 뉴스가 매일같이 뉴스와 신문을 통해 나온다. 요즘은 하루에 300개의 공을 던졌다고 하는 이야기는 잘 들리지 않지만, 아직도 투구수를 기준으로 선수를 판단하는 코치들이 많다. 어느 캠프 때는 다른 투수코치가 불펜에서 2천 개를 던지지 않으면 1군에 남아 있지 못 할 거라고 선수들에게 말했다는 이야기를 들었다. 하지만 2천 개는 너무 많다. 내가 나중에 캐치볼까지 포함한 숫자라고 선수들에게 말을 덧붙여 주었다.

날마다 150개, 200개를 던지고 싶다고 말하는 선수도 있다.

지금은 선발투수라도 한 경기에 150개를 넘기는 일은 거의 없다. 불펜피칭이라고 해도 하루에 150개를 던지면 지쳐서 폼이 흐트러지게 된다. 폼이 무너진 상태에서 계속 던지면 피칭 동작은 더욱더 나빠지고, 어깨와 팔꿈치에 큰 부담을 주게 된다.

캠프 기간에 많이 던지고 싶어 하는 선수는 하루에 몰아서 던지지 말고 나누어서 던지게 한다. 피칭의 강도도 조절해 주어야 한다. "오늘 100개를 던졌는데도 감이 오지 않아요. 더 던지고 싶어요." 이런 요청을 하는 선수가 있다면 강도를 낮추어 던지게 한다. 투구폼을 가다듬는 것이 목적이라면 마운드에서 세게 던지는 불펜피칭 말고도 연습방법은 많다. 가까운 곳에 스크린을 세워 놓고 자신의 몸이 어떻게 움직이고 있는지 주의깊게 확인하면서 가볍게 던지는 방법도 있다.

민감한 유형의 선수일수록 공을 많이 던지고 싶어하는 것 같다. 그런 선수들은 시즌 중에 컨디션을 점검하기 위한 불펜피칭을 할 때도 스스로 됐다고 느낄 때까지 던지려고 한다. 선발투수는 보통 경기에서 던지는 날을 제외하고 감각을 유지하기 위해 일주일에 하루 정도 불펜피칭을 한다. 예민한 선수들이 불펜피칭을 많이 하고 싶어한다고 느꼈다. 이전 경기에서 결과가 좋지 않았거나 컨디션이 별로일 때는 어떻게든 좋은 상태로 되돌리고 싶은 마음에 많이 던지곤 한다. 이전 경기에서 좋은 피칭을 했다면 다음에도 또 좋은 피칭을 하기 위해 많이 던지려고 한다. 하지만 그렇게 계속 많이 던져서는 컨디션을 제대로 조절하기 어렵다.

이런 유형의 선수들은 내가 볼 때는 좋은 공을 던지고 있는데도 본인은 납득하지 못한다. 바깥쪽 낮은 쪽으로 패스트볼이 기가 막히게 꽂혀도 마땅치 않은 표정을 짓는다. 이런 선수들은 멈추어 주지 않으면 마음에 들 때까지 계속 던지려고 한다. 그래서 나는 100개쯤 되면 "이제 끝!" 하고 공을 빼앗는다.

선수의 상태가 안 좋을 때 오히려 공을 안 던지게 하는 것이 효과가 있을 때가 있다. 불펜피칭도 하지 않게 하고, 던지고 싶어도 일정 기간 참도록 한다. 그러면 다음에 마운드에 오를 때 신기하게 원래의 좋은 상태로 돌아오는 경우가 있다. 이걸 잘했던 선수가 지금은 메이저리그에서 활약하고 있는 다르빗슈다.

"코치님, 오늘은 여기까지만 던지고 쉴게요."

그날 50개의 불펜피칭을 할 예정이었더라도 던지는 도중에 이렇게 말하고는 휭하니 사라지곤 했다. 투구 밸런스가 안 맞았든지, 지쳤다고 느꼈든지, 이유가 무엇이 되었든 더이상 던져봤자 좋을 게 없다고 판단하면 과감하게 연습을 중단했다.

이런 자기관리도 선수가 갖춰야 할 능력이다. 안 좋은 상태를 벗어나려고 열심히 던지기만 하면 피로만 쌓이고 피칭 동작의 밸런스도 무너지게 된다. 악순환에 빠지기 쉽다. 지금 계속 던지는게 별로 도움이 안된다고 판단할 수 있는 것도 자기 자신을 잘 이해하고 있다는 뜻이다.

  초보 골퍼인 나는 골프 연습장에서 바로 이런 악순환에 자주 빠진다. 좀처럼 좋은 샷이 안 나오면 분해서 계속 공을 친다. 그러는 동안 악력이 떨어지고 스윙은 더욱 나빠진다. 그래도 그만두지 못하고 쉬지 않고 스윙을 한다. 결국 몸도 마음도 지친 상태에서 녹초가 되어서 집에 간다. 골프를 치는 분이라면 누구나 해 본 경험일 것이다. 프로야구 선수에게도 같은 일이 일어난다. 취미가 아닌 직업이기 때문에 좋은 성적이 나지 않으면 초조함과 압박감에 더욱 짓눌린다. 그 속에서 멈추는 용기를 가지려면 자기관리와 자기분석 능력을 키워야 한다.

**열심히 해도 잘 안 될 때는
과감하게 멈추는 용기를 발휘해 보자.
그래야 악순환에서 벗어난다.**

몸이 준비되지 않으면 습득할 수 없는 기술도 있다

처음 니혼햄 파이터스의 투수코치를 맡고 나서 3년 후인 2010년에 2군을 담당하게 되었다. 처음이자 마지막 2군 코치 경험이었다. 2년 계약이 끝나고 다음 시즌에 관한 대화를 구단과 나누다가 2군으로 가달라는 말을 들었다. 2군에도 호기심이 있었기 때문에 그렇게 한다고 답을 했는데 연봉도 내려가는 줄은 몰랐다. 지난 시즌에 리그 우승을 했는데 연봉이 낮아진다고? "우리 팀의 2군 코치는 연봉이 이 정도입니다." 하는 말에 '그래, 새로 계약하는 거니까 별 수 있나' 이렇게 받아들이고 계약서에 사인을 했다.

새해의 어느 회식 자리였다. 나시다 마사타카 감독님이 비싸 보이는 손목시계를 차고 있었다. "감독님 좋은 시계 차고 계시네요?" 하고 한 선수가 물었다. 나시다 감독님은 "이거? 우승해서 나에게 주는 선물로 샀어." 하고 대답했다. 시계의 가격이 내가 깎인 연봉이랑 거의 비슷했다. 감독님의 옆에 있던 나는 무심코 "어? 내가 깎인 연봉이랑 같네요." 하고 말해버렸다. 감독님은 옆에 있기가 불편했는지 다른 자리로 가버렸다.

시즌이 마치고 열리는 교육리그에 1군 코치가 보러 온 적이 있다. 그때 1군과 2군 코치에게 제공되는 도시락이 다르다는 사실을 알게 되었다. 2군 코치에게는 늘 먹던 도시락이 나왔지만, 1군 코치에게는 최고급 도시락이 제공되었다. 나는 '이렇게까지

대우가 달라야 하나?' 하는 의문이 들었다. 물론 2군에는 아직 경력이 짧은 코치들이 많다. 2군에 있으면서 코치 수업을 받는 경우도 있다. 하지만 일하는 양이나 선수에게 미치는 영향을 생각하면 2군 코치가 더 힘들지도 모른다.

1군에는 문제를 스스로 해결할 수 있는 능력이 있는 선수가 많기 때문에 그렇게 손이 많이 가지 않는다. 하지만 2군은 그냥 놔두어서는 안 되는 선수가 많다. 선수에 따라 접근방식을 다양하게 바꾸면서 대해야 한다. 아직 아무것도 모르는 선수는 때로는 엄하게 꾸짖기도 하고 힘든 연습을 시키기도 한다. 마음을 세심하게 보살펴야 하는 선수도 있다.

선수 한 명 한 명의 상태를 기록해 놓았다가 팀에 보고하기 위한 리포트를 쓰는 데도 제법 많은 시간이 걸린다. 2군에 있다 보면 짧은 기간에 극적으로 변화하는 선수가 나타나서 큰 보람을 느끼기도 하지만 솔직히 말해서 무척 바쁘다. 코치 연봉은 2군이 더 많이 받아야 하는 게 아닌가 하는 생각이 들 정도다.

1군과 2군의 규칙이 다른 팀도 있다. 대체로 2군이 전체 선수들의 행동을 더 많이 통제한다. 예를 들어 야간 경기를 하는 팀이 오후 2시쯤에 경기장에 들어온다면 1군의 선발투수는 따로 경기장에 오는 경우가 많다. 자신이 몸을 푸는 시간을 계산해 경기 시작 시간부터 역산해서 적당한 시간에 맞추어 온다. 1군에서 그렇게 한다면 2군에 있을 때부터 그러한 습관을 들이면 좋을 텐데 하는 생각이 든다.

2군에서 코치를 하다 보면 안타깝지만 프로에서 살아남기 어려운 선수가 대체로 눈에 보인다. 기술이 아직 부족하다면 어떻게든 끌어올리면 되지만, 체력이 떨어지는 선수는 발전시키기가 어렵다. 여기서 말하는 체력이란 프로의 생활을 헤쳐나가기 위한 타고난 체력을 말하는데, 몸이 약한 선수는 어찌할 도리가 없다.

스카우트는 앞으로 몸도 커지고 강해질 거라고 전망하며 선수를 선발하지만 특히 고졸 신인은 미래를 알기가 어렵다. 캠프에 참가해 프로에서 하는 트레이닝을 착실히 하는데도 체력이 좀처럼 좋아지지 않으면 좋아질 가능성이 많지 않다고 판단할 수밖에 없다. 운동신경이 발달할 단계는 이미 지났다. 기술을 끌어 올려서 커버할 수 있지 않냐고 물을 수도 있지만 몸이 강해지지 않으면 습득할 수 없는 기술도 있다. 안타깝지만 밑바탕이 되는 체력이 없으면 프로의 세계에서는 앞으로 나아가기가 어렵다. 설령 1군에서 활약한다고 해도 짧게 끝나는 경우가 대부분이다.

프로에서 성공이란 '안정된 성적을 해마다 꾸준하게 내는 것'이라고 생각한다. '굵고 길게' 할 수 있다면 더 바랄 나위가 없지만 '가늘고 길게' 하는 것도 프로선수로서는 대성공이다. 야수를 한 명 예로 들자면 2017년에 은퇴한 '수비의 달인' 이야마다. 솔직히 말해서 월등하게 뛰어난 성적을 남기지는 못했지만 뛰어난 수비로 프로에서 20년이나 선수 생활을 했다. 10년도 아니고 무려 20년이다. 대단하다고 말하지 않을 수 없다.

선수에 따라 가치관은 다르겠지만 처음부터 '짧고 굵게' 끝내고 싶다고 생각하는 선수는 없을 것이다. 짧게 불태우고 사라지겠다는 마음으로 프로에 입단하는 선수는 없을 거라 생각한다. 한 번이라도 프로의 맛을 본 선수는 계속 뛰고 싶은 마음이 드는 게 당연하다. 자신을 계속 갈고 닦으려는 노력이 부족한 선수가 결국 '짧고 굵게' 선수 생활을 마치게 된다.

몸이 강해지지 않으면 습득할 수 없는 기술도 있다.
밑바탕이 되는 체력이 없으면
프로의 세계에서는 앞으로 나아가기가 어렵다.

가끔은 코치가 바로 효과가 나올 수 있는 처방을 해주기도 한다. 어느 정도 성적을 내지 못하면 시즌 중에 방출될지도 모르는 선수나, 더 이상 물러설 곳이 없는 베테랑 선수에게 코치가 구체적인 조언을 해줄 때도 있다. 바로 결과를 내야 하는 외국인 선수에게도 종종 그렇게 한다. 하지만 이런 방식으로는 스스로 생각하고 스스로 과제를 극복하는 습관은 몸에 배지 않는다.

프로야구는 한 시즌만 크게 활약해도 연봉이 단번에 껑충 뛴다. 미디어도 몰려들어 스타 대접을 해준다. 그러면서 선수는 착각에 빠지기 쉽다. 메이저리그는 몇 년 동안 꾸준하게 좋은 성적을 내지 않으면 높은 평가를 하지 않는다. 한 해 반짝 활약을 했다고 해서 대형 계약을 제안하지는 않는다. 아무리 뛰어난 성적을 올렸다고 하더라도 처음 3년 동안은 성적에 걸맞은 연봉을 받을 수 없다. 세 시즌이 끝나야 연봉을 조정할 수 있는 권리를 겨우 얻게 된다. 1년에 평균 200억 원이 넘는 대형 계약을 맺을 수 있는 기회는 메이저리그에서 6년을 보내고 FA가 되어야 찾아온다. 일본 프로야구도 오랜 시간 꾸준히 활약한 선수가 더욱 큰 보상을 받는 시스템을 만들었으면 한다.

5장

코치의 작은 관심이
선수의 경기력을 높인다

선수의 감각은 실제와 다르다

 프로에 입단한 투수 대부분은 초등학교 때부터 마운드에서 던진 선수들이다. 어린 나이부터 계속 피칭을 해온 경험이 쌓이고 쌓여서 지금의 투구폼이 되었다고 보면 된다. 투수의 움직임은 단순해 보여도 무척 특별하다. 피칭 동작을 제대로 만들어 던지려면 일정한 시간이 필요하다. 야구를 해본 적이 없는 어린이에게 공을 주고 투수처럼 던져보라고 하면 쉽게 따라 하지 못한다.

 경기 전에는 여러 사람들을 초대해 시구를 한다. 올림픽에서 메달을 딴 선수를 비롯해 다른 종목의 선수가 시구를 할 때도 있다. 경기 전에 피칭 동작에 대해 지도를 조금 받지만 그래도 투구폼을 제대로 만들어 그럴듯하게 던지는 사람은 극히 드물다. 피칭은 해보지 않은 사람이 갑자기 하기에는 아주 복잡한 움직임이다. 야구를 해보지 않은 사람이 성인이 되어서 투수를 시작한다면, 아무리 연습을 해도 시속 140km 이상의 공을 던지기는 어렵다고 생각한다.

 덧붙여 같은 야구라고 해도 투수와 야수는 던지는 법이 많이 다르다. 전혀 다르다고 말해도 지나치지 않는다. 마운드에서는 18.44m 앞에 있는 홈플레이트의 구석구석으로 완벽하게 던지는데, 땅볼을 잡고 1루에 던지는 송구는 어려워하는 투수가 있다. 땅볼이나 번트 처리를 잘하는 투수는 야수의 움직임과 쓰로잉도 잘 하는 것이지, 그 투수의 제구력과는 전혀 관계가 없다. 그래서 땅볼을 잡으면 그 자리에서 던지지 않고 1루 베이스 쪽으로 달려가면서 공을 토스해서 주는 투수가 꽤 많다. 야수의 송구가 안 되는 것을 스스로 알기 때문에 그런 방식으로 대처하는 것이다. 물론 수비 연습을 반복하면서 야수의 움직임을 익히는 것이 가장 좋지만, 안 되는데 억지로 공을 던져 악송구를 하는 것보다는 그렇게 토스를 하는 편이 낫다.

코치로서 나는 투수들이 연습하는 모습을 옆에서 계속 관찰한다. 어떤 동작으로 던지는지, 무엇을 교정하면 어떻게 될 지를 대충은 알 수 있다. 그런데 그 투수가 어떤 감각으로 던지고 있는지는 물어보지 않으면 알 수 없다. 그렇기 때문에 대화가 중요하다.

선수는 이런 감각으로 던지고 있다고 말하는데 실제 움직임은 다를 수 있다. 그 차이를 비교하며 연결해 나가는 것이 코칭이다. 서로의 감각이 엇갈려 잘못된 조언이 될 수 있다. 예를 들어 피칭 동작에서 앞발을 디뎠을 때 던지는 팔 쪽의 어깨가 올라가고 글러브 쪽의 어깨가 내려갔다고 가정해 보자. 앞발을 디딜 때 양쪽 어깨는 지면과 평행이 되는 게 이상적인데, 공을 던지는 방향 쪽으로 기울어져서 몸이 앞으로 쏟아진 상태라고 할 수 있다. 투수가 서있는 마운드 자체에 경사가 있기 때문에 양쪽 어깨와 지면이 평행을 이루기 위해서는 앞쪽 어깨를 조금 위로 향하게 한다는 감각으로 접근하면 좋다.

앞쪽 어깨를 더 높게 가져가도록 하기 위해 (위를 향하는 동작을 보여주며) "조금 더 이렇게 해봐" 하고 말하면 "네? 그 정도까지 위로 해서 던지라고요?" 하며 선수는 놀라곤 한다. 하지만 공을 던지고 나서 영상을 보면 "어? 그렇네요." 하는 반응을 보인다. 이렇듯 선수는 자신의 감각과 실제 움직임을 연결하는 게 쉽지 않다.

**자신의 동작을 영상으로 보여주면 놀라는 선수들이 많다.
자신이 생각한 이미지와 다르기 때문이다.**

릴리스포인트(공을 놓는 지점)를 의도적으로 올리거나 내리는 것도 무척 어렵다. 투수 스스로는 변화를 주었다고 생각해도 실제로는 전혀 바뀌지 않을 때가 많다. 오버 투수가 쓰리쿼터로 바꾸려고 팔을 내릴 때는, 거의 사이드로 던지는 느낌으로 팔을 내려야 겨우 10cm 정도 낮아지곤 한다. 아주 어릴 때부터 머리와 몸에 저장된 프로그램이기 때문에 이렇듯 투구 동작에 변화를 주는 것은 무척 어렵고 힘든 작업이다. 자신이 느끼는 감각과 실제 나타나는 움직임이 달라 이 둘 사이를 조정하는 게 만만치 않기 때문이다.

만약 팔의 각도를 바꾸는 등 투구폼을 교정해야 하는 경우라도 절대 코치 혼자만의 생각으로는 진행하지 않는다. 구단의 간부와도 상의한 뒤에 결정한다. 선수의 변화를 코칭스태프가 독단적으로 결정해서는 안된다. 지금 이대로라면 프로에서 통하지 않을 거라고 모두가 판단한 후에 "네가 살 길은 이것밖에 없어" 하고 팀과 코치의 생각을 전달한다. 하지만 어디까지나 마지막에 결정을 내리는 것은 선수 자신이 되어야 한다.

다른 팀에 있다가 니혼햄 파이터스에 트레이드되어서 온 어느 투수가 있었다. 그는 전에 있던 팀에서 본인의 의사와 관계없이 팀의 요구로 사이드 투수로 변화를 시도했었다. 결과는 그다지 좋지 않았고 우리 팀으로 오면서 다시 원래 던지던 투구폼으로 되돌아갔다. 선수는 스스로 만족하며 피칭을 할 수 있게 되었고 구위도 전보다 더 좋아졌다.

나만의 심플한 체크 포인트를 만들어라

와인드업을 해서 앞쪽 다리를 올리고 앞으로 빠르게 이동하면서 다리를 뻗는다. 앞발이 착지할 때 팔꿈치는 이렇게, 글러브는 이렇게 등등 피칭 동작에는 주의해야 할 것들이 참으로 많다.

그런데 경기 중에 그것들을 일일이 신경 써서는 제대로 된 공을 던질 수가 없다. 피칭 동작은 부분이 아닌 하나의 흐름 속에서 이루어지기 때문이다. 투구폼은 일종의 자동화된 움직임이라고 할 수 있다.

내 경험에 비추어 보면 공을 던질 때 체크할 포인트는 한두 가지면 된다. 그 이상을 신경 쓰면서 던지는 것은 바람직하지 않을 뿐더러 불가능하다. 1장에서 말한 '요령'과 같은 것이다. 골프로 예를 들면 백스윙에서 '탑포지션을 만들기'와 같은 포인트가 아닐까 싶다. '이것만 되면 나머지는 특별히 신경 쓰지 않아도 되는 포인트'에만 집중하고 나머지 동작은 저절로 일어나도록 하는 방식이다.

물론 체크 포인트는 선수마다 완전히 다를 수 있다. "이게 포인트야"라고 코치가 일방적으로 알려줄 수 없다. 체크 포인트는 투수가 스스로 찾아야 한다. 투구폼이 아직 안정되지 않은 선수는 이런 체크 포인트가 없는 경우가 많다. 그때그때 계속 다른 것들을 신경 쓰면서 공을 던진다. 당연히 투구폼이 왔다갔다 하면서 제구도 불안정해진다.

평소에 연습을 할 때 아무 생각없이 무턱대고 던지게 해서는 안 된다. 자신의 감각을 스스로 잘 느껴가면서 연습을 해야 한다. 다양한 감각을 느끼고 시행착오를 거치면서 자신만의 안정된 피칭 동작을 만들어 나가야 한다. 이때 코치는 선수의 연습을 곁에서 지켜보다가 이따금씩 질문을 하면서 선수가 느끼는 감각과 실제 움직임의 차이를 체크해야 한다.

    투수가 몸의 감각에 더욱 집중하도록 하기 위해 나는 불펜 피칭을 할 때 가끔 포수를 홈플레이트보다 앞에 앉게 한 다음 높은 공을 던지는 연습을 시킨다. 짧은 거리에서 높게 던지는 것은 비교적 쉽기 때문에 자신의 투구폼을 의식하기도 좋다. 실제 피칭 거리에서 공을 던지면 자꾸 정확하게 던지려고 하면서 공이 어디로 갔는지에 더 집중하게 된다. 이 연습을 할 때 중요한 것은 공을 정확하게 던지는 것이 아니다. 투구폼을 가다듬는 것이다. 이런 연습을 통해 자신만의 투구폼을 찾게 되면 자연스럽게 커맨드도 좋아진다.

    하지만 투수가 자신만의 투구폼을 찾았다고 해서 계속 그렇게 던질 수 있는 것은 아니다. 나이를 먹으면서, 그리고 트레이닝을 하다 보면 몸이 조금씩 변한다. 자신은 같은 동작으로 던졌다고 생각하지만 신체의 여러 부분에서 자신의 감각과 실제 피칭 동작 사이에 차이가 생긴다. 뼈는 20대가 되어도 성장하기 때문에 특히나 고졸로 입단한 선수는 신체의 기본틀 자체가 매년 조금씩 바뀐다. 부상을 당하거나 수술을 받으면 그것도 역시 투구폼에 영향을 미친다. 나는 팔꿈치 수술을 하고 나서 릴리스포인트가 바뀌었다. 몸에서 느껴지는 감각이 수술 전과 달라서 적응하는데 3개월 정도 걸렸다. 신체의 변화에 맞추어 동작과 감각도 계속 적응하며 바꿔나가야 한다.

> **선수의 신체 조건은 계속 변한다.**
> **신체의 변화에 맞추어 동작과 감각도**
> **계속 적응하며 바꿔나가야 한다.**

자신의 상태를 말로 분명하게 표현하는 연습

나의 피칭 동작의 체크 포인트는 선수 생활을 하며 크게 세 번 바뀌었다. 첫 번째 체크 포인트는 프로 입단 후에 혼란스러운 시기를 겪고 나서 찾았다. 그때 사용한 체크 포인트는 흔히 말하는 '엉덩이를 먼저 내기hip first'였다. 나는 오른손투수이기 때문에 와인드업 후에 왼쪽 다리를 올리고 오른쪽 다리만으로 서게 된다. 그리고나서 앞으로 체중이동을 하는데, 왼쪽 허리부터 움직이는 게 아니라 먼저 항문을 홈플레이트로 향하게 한다는 느낌으로 던지면 공이 잘 들어갔다.

두 번째로 사용한 체크 포인트는 프로에서 3년째가 끝날 무렵부터 사용하기 시작했다. 와인드업을 해서 왼쪽 다리를 올릴 때는 공을 던지는 오른손이 글러브 안에 있는 상태다. 왼쪽 다리를 앞으로 뻗으면서 체중이동을 하는 타이밍과 글러브와 오른손이 떨어지는 타이밍이 맞아 떨어지면 피칭 동작이 잘 이루어지는 느낌이 있었다. 이 때는 내가 1군에 막 자리를 잡고 성적을 내기 시작한 시기다. 당시에 압박감이 큰 마무리 투수의 역할을 해낼 수 있었던 것도 '이것만 되면 내가 던지고 싶은 곳에 던질 수 있다'는 자신감이 있었기 때문이다.

세 번째로 나는 피칭 동작을 시작하는 시점에서 체크 포인트를 사용했다. 체중이동을 시작할 때 오른발로 마운드판을 밟는 감각에 집중했다. 오른발의 발바닥 아치 부분을 '지구 뒤쪽에 있는 브라질까지 보낸다'는 느낌으로 마운드판을 눌렀다. 이게 잘 되면 나머지 동작들은 자동으로 따라왔다.

나는 투수들에게 다양한 것들을 물어본다. 몸 상태를 체크하고 지금의 감각이 어떤지를 알기 위해서다. 질문을 하는 또 하나의 이유는 선수가 자신에 대해 말로 또렷하게 표현하는 연습을 시키기 위해서다. 처음에는 자신의 몸 상태나 생각, 감정, 감각 등에 대해 분명하게 말하기가 쉽지 않다. 그래도 괜찮다. 제대로 말로 표현하지 못하는 선수가 있으면 자꾸 말해보라고 다그치기 보다 내가 질문하는 방식에 변화를 준다. 다양한 각도에서 물어보면서 서로 간의 거리를 좁혀 나간다. 선수는 코치의 질문에 답을 하면서 스스로를 깊이 되돌아보게 된다. 그렇게 자기성찰의 시간이 쌓이며 자신의 상태를 냉정하게 파악할 수 있게 된다. 무작정 연습을 시키는 것이 코칭이 아니다. 선수가 스스로 묻고 답하는 과정을 반복하며 자기 나름의 요령, 즉 체크 포인트를 찾을 수 있도록 돕는 것이 코칭이다.

/

**선수가 코치의 질문에 답을 하지 못한다면
코치가 던진 질문이 문제일 지도 모른다.
다양한 각도에서 물어보며
선수가 스스로를 깊게 돌아보도록 도와주는 것이 코칭이다.**

/

완벽한 피칭을 상상할 수록 실제 경기는 힘들어진다

선수들 중에는 소심하다는 평가를 받는 이들이 있다. 대체로 중요한 상황에서 경기를 잘 풀어나가지 못하는 선수에게 그런 꼬리표를 붙인다. 그런데 사실 그런 선수들은 얻어맞는 게 두렵다기보다 완벽한 공을 던지려고 자기 자신에게 의식이 쏟아져 있는 경우가 많다.

나는 메이저리그에서 '치킨(소심한 사람)'이라는 말을 듣는 투수들을 혼자서 조사해본 적이 있다. 그런 선수들은 항상 자신이 던진 공이 스트라이크존의 구석을 정확히 찌르면서 포수 미트에 '팡' 하는 경쾌한 소리와 함께 들어가는 상상을 하는 경우가 많았다. 그러다보니 좋은 투구폼으로 던져야 그런 공을 던질 수 있다고 생각하면서 피칭 동작의 세세한 부분까지 신경을 쓴다.

투수의 피칭 동작은 평소에 수많은 연습을 통해 이미 자동화된 움직임이다. 굳이 생각하거나 의식하지 않아도 되는 동작에 주의를 쏟게 되면 자동화된 투구폼이 나타나지 않는다. 오히려 투구폼이 무너지며 제구가 안 되거나 공이 한 가운데로 몰려 들어가는 일이 벌어진다. 지금까지 일본의 투수들을 코치로서 관찰해온 경험도 크게 다르지 않다. 일본에서도 소심하다고 불리는 투수, 즉 위기 상황이나 중요한 순간에 실력을 제대로 보여주지 못하는 투수에게는 이러한 경향이 있음을 알 수 있었다.

연습 때는 자신을 의식해도 좋다. 그렇지만 경기를 할 때는 다른 무엇보다 지금 상대하고 있는 타자에 집중해야 한다. 자신이 이상적으로 생각하는 동작이나 메카닉에만 빠져 있으면 상대하는 타자가 눈에 들어오지 않게 된다. 이른바 혼자만의 세계에 빠지게 된다. 경험이 적은 불펜투수가 위기 상황에 마운드에 올라가면 이런 패닉 상태에 빠지기 쉽다. 한 점도 내주어서는 안된다는 마음이 강할 때 자신의 동작을 지나치게 의식하게 된다.

> **피칭 동작은 많은 연습을 통해 자동화된 움직임이다.
> 실수를 하지 않으려고 동작에 신경을 쓸수록
> 오히려 자동화된 움직임이 드러나는 것을 가로막게 된다.**

다니모토 게이스케가 젊었을 때 그런 선수였다. 너무 구석구석으로 던지려고 하다가 볼이 많아지면서 카운트가 불리해지곤 했다. 카운트가 몰리고 나서 스트라이크를 잡기 위해 가운데로 던졌다가 얻어맞는 패턴을 되풀이했다. 변화를 주기 위해 다니모토를 선발로 써보기로 했다.

메이저리그에서 시작되어 지금은 일본에서도 많이 사용되는 '퀄리티 스타트'라는 지표가 있다. 선발투수가 6회 이상 던지고 자책점 3점 이내로 막으면 '퀄리티 스타트'를 했다고 말한다. 선발투수의 '합격점'이라고 할 수 있다. 선발투수의 휴식일이 4일인 메이저리그에서는 100개 정도를 한계 투구수로 본다. 한편 일본에서는 6일 휴식 후에 던지는 경우가 많기 때문에 조금 더 던지는 편이다. 투구 이닝도 대체로 미국보다는 길다. 그래서 메이저리그처럼 6이닝 3자책만 하면 좋은 피칭을 했다고 단순하게 말할 수 없을지도 모른다. 그래도 어찌 되었든 2이닝에 한 점 꼴로 막아낸 셈이니 선발투수로서 자신의 역할을 다했다고 할 수 있다.

다니모토에게 '퀄리티 스타트'라는 개념에 대해 알려주었더니 점수를 어느 정도 내줘도 된다는 생각을 신선하게 받아들였다. 그런 마인드로 선발을 잠깐 하고 다시 불펜으로 돌아갔더니 이전보다 더 대담한 피칭을 하게 되었다. 당연히 성적도 더 좋아졌다. 이후에 오랫동안 니혼햄 파이터스의 핵심 불펜으로 자리 매김을 했다.

중요한 메시지이기 때문에 다시 한번 강조하고 싶다. 경기에서 선수는 혼자만의 세계에 빠져서는 안된다. 그런 선수는 의식이 상대가 아니라 자신을 향하게 된다. 벤치에서 보면 선수가 그런 상태에 빠져 있는지를 쉽게 알 수 있다. 안타깝게도 선수 자신은 좀처럼 알지 못한다. 그래서 경기 다음 날에 '되돌아보기' 작업을 해야 한다. 어제는 어떤 감각으로 던졌는지, 마운드에서 어떤 생각과 감정이 일어났는지, 선수 스스로 모조리 끄집어내도록 해야 한다. 그러면 선수는 자신이 혼자만의 세계에 빠져 있었다는 사실을 자각하게 된다. 어떤 마음 상태에서 공을 던지면 실패하게 되는지 분명히 인식하게 된다.

투수가 최고의 공을 던졌다고 하더라도 타자가 그 공을 노리고 있었다면 맞을 수밖에 없다. 타자도 투수의 구종 정보와 볼배합 패턴 등을 미리 공부하고 타석에 들어온다. 풀카운트에서 바깥쪽 낮은 코스로 완벽하게 들어가는 패스트볼을 던져도 바로 그 공을 타자가 노리고 있었다면 싱겁게 맞아 나갈 수 있다.

이 때 풀카운트가 될 때까지 타자의 스윙과 몸짓 등을 유심히 관찰했다면 타자가 무엇을 노리고 있는지 알 수 있다. 바깥쪽 낮은 코스를 노리고 있을 것 같다는 힌트를 얻은 투수는 몸쪽으로 던져서 타자를 아웃시킬 수 있다. 이때는 가운데에 들어가도 좋다는 마음으로 몸쪽을 향해 던져도 된다. 이렇게 상대에 초점을 맞춘 수싸움은 자신의 투구폼이 아닌 상대에게 마음이 가 있어야 비로소 할 수 있는 작업이다.

경기장에서 혼자만의 세계에 빠진 선수는 상대가 아니라 자신과 싸우게 된다.

자신보다 상대에 집중하는 게 더 쉽다

니혼햄 파이터스의 투수코치를 그만두고 한동안 해설자와 평론가로 활동을 한 적이 있다. 신문에 칼럼을 연재해 달라는 제안을 받고 담당 기자와 연재할 글의 제목을 정하는 미팅을 했다.

"요시이씨의 피칭은 어떤 특징이 있을까요?"

기자는 '요시이 마사토의 피칭은 이것!' 이런 형식의 제목을 생각하고 있다며 나에게 이렇게 물었다. 나는 잠깐 생각을 하고 나서 "속임수"라고 대답했다.

'요시이 마사토의 피칭은 속임수!'

역시나 이 문장은 연재물의 타이틀로 채택되지 않았지만 나는 '속임수'라는 말을 농담으로 한 것은 아니다. 피칭의 정곡을 찌르는 말이라고 생각한다. 물론 속임수라고 해서 공에 장난을 친다거나 손에 정체불명의 이물질을 묻혀서 던진다는 게 아니다. 간단하게 말하자면 타자의 심리를 역이용하는 작업이라고 할 수 있다. 야구에서는 한 이닝 동안 상대가 홈을 밟기 전에 아웃카운트 세 개를 잡으면 된다. 아무리 주자가 많이 나갔어도 홈플레이트를 밟지 못하게 하면 실점을 하지 않는다. 물론 상황에 따라서는 점수를 그냥 주고 아웃카운트를 잡는 게 우선일 때도 있다. 경기 초반에 대량 실점을 피하고 싶을 때나 크게 이기고 있을 때가 그렇다. 그럴 때 노아웃 1, 3루에서 내야 땅볼이 나오면 3루 주자가 홈으로 들어가는 것은 무시하고 더블플레이로 아웃카운트 두 개를 잡는 선택을 한다.

완벽한 피칭을 하려고 애쓸 필요가 없다. 항상 최고의 공을 던지려고 하면 할 수록 피칭은 어려워진다. 나는 마무리 투수를 할 때는 100%의 힘으로 던졌다. 하지만 선발투수일 때는 그렇지 않았다. 대부분의 공을 80% 정도 힘으로 던졌다. 힘을 더 빼고 던질 때도 있었다. 타자가 스윙할 마음이 없다는 사실을 간파하면 상대가 눈치채지 못하도록 신경 쓰면서(너무 힘을 빼면 팔스윙이 느려져서 타자가 알아차리므로) 가볍게 던져 스트라이크를 잡곤 했다.

투스트라이크 이후에 결정구를 던질 때도 힘을 뺀 패스트볼을 던지기도 했다. 스트라이크존 밖으로 떨어지는 변화구를 던져도 타자의 배트가 따라나올 것 같지 않은 느낌이 들 때가 있다. 메이저리그 타자들은 나처럼 시속 145km 정도 평범한 구속의 투수라면 삼진을 잡으러 들어오는 결정구는 변화구일 거라 많이들 생각한다. 그래서 나는 결정구로 오히려 패스트볼을 많이 사용했다. 딱 보면 경기장 밖으로 공을 보낼 것처럼 잔뜩 힘이 들어가 있는 타자들이 있다. 그런 타자에게는 일부러 한가운데로 느린 패스트볼을 던졌다. 타자 입장에서는 '이거다!' 하고 배트를 휘둘렀는데 공이 생각보다 빨리 안 와서 타이밍이 흐트러져 파울이나 범타가 되곤 했다.

긴테쓰 버팔로스에서 야쿠르트 스왈로스로 팀을 옮겼을 때는 노모가 직접 전수해준 포크볼을 장착했다는 말을 여기저기

퍼뜨렸다. 이것도 나의 속임수 중 하나였다. 그립이나 던지는 법은 노모로부터 배웠지만 아직 제대로 손에 익히지는 못한 상태였다. 그래서 실제로는 슈트만 던졌다. 그래도 타자들의 머리에는 포크볼도 각인되어 있어서 어떤 공을 노려야 할 지 어려워했다고 한다. 야구는 상대가 있는 스포츠다. 상대의 움직임을 잘 보고 심리를 읽어서 수싸움을 하는 것이 완벽한 피칭을 계속하는 것보다 훨씬 쉽다.

**야구는 상대할 대상이 있다.
상대와 싸울 전략을 준비하는 것이
완벽한 피칭을 위해 애쓰는 것보다 훨씬 쉽다.**

내가 갖고 있던 이미지와 실제 피칭이 제법 다르다고 느낀 투수가 그렉 매덕스다. 애틀랜타 브레이브스에서 1992년부터 4년 연속 사이영상*을 차지한 레전드 중의 레전드다. 17년 연속 15승 이상을 기록했고, 통산 승수만 355승이다. 패스트볼의 스피드는

---

* 리그 최고의 투수에게 주어지는 상

시속 145km 정도였다고 기억하는데, 좋은 커맨드를 활용해 맞춰 잡는 피칭으로 타자들을 요리했다. 매덕스는 투구수가 적은 효율적인 피칭이 특징이었다. 지금은 100구 미만으로 상대 타선을 완봉하면 '매덕스 피칭'이라고 부른다고 한다.

보통 매덕스를 '컨트롤 마스터'라고 부르는데 내가 그와 맞붙었을 때의 인상은 다소 달랐다. 자로 잰 듯한 정교한 제구로 스트라이크존을 넓게 공략한다기 보다는 빠른 공을 던지는 '파워피처'처럼 보였다. 특히 공의 회전이 좋아서 패스트볼도 움직임이 상당했다. 패스트볼이 오른손타자의 몸쪽으로 크게 꺾이며 들어왔다. 보통의 패스트볼에 비해 매덕스의 공은 힘이 있는데다가 움직임도 컸다. 다른 변화구도 있었지만 매덕스 피칭의 기본은 움직임이 큰 패스트볼을 낮게 던져서 평범한 땅볼 타구를 이끌어 내는 방식이었다.

매덕스는 다른 선수들이 자신을 제구력이 아주 뛰어난 투수라고 생각한다는 사실을 잘 알고 있었다. 하지만 나는 그가 스스로를 '파워피처'로 생각하지 않았을까 추측한다. 타자가 투수에 대해 실제와 다른 이미지를 가지고 있다면 당연히 투수가 유리해진다. 매덕스는 자신에 대해 다른 선수들이 가지고 있는 그런 이미지를 잘 이용해서 타자와 절묘한 수싸움을 할 수 있었다.

매덕스같은 투수와 상대하는 타자는 '제구가 좋으니까 치기 좋은 공은 좀처럼 안 올거야' 하고 생각한다. 그런 타자에게 매덕스는 초구로 패스트볼을 높게 던진다. 스트라이크존을 살짝 벗어나는 이른바 '볼'이다. 타자는 찬스라고 생각하고 배트를 내지만 위로 벗어나 맞추기 어려운 공이라 헛스윙을 하고 만다.

왼손타자를 상대로는 몸쪽으로 살짝 휘어져 들어오는 컷패스트볼을 연달아 꽂아 넣는다. 그리고는 컷패스트볼과 반대 방향으로 움직이는 패스트볼을 타자의 몸에 붙여서 던진다. 공은 타자의 몸을 향해 날아오는 듯하다가 스트라이크존으로 휘어져 들어간다. 타자는 허리를 뒤로 빼면서 피하지만 공은 스트라이크존을 지나 포수의 미트에 들어간다. 매덕스는 이런 패턴으로 컷패스트볼과 패스트볼의 조합을 잘 활용했다. 패스트볼이 살짝 가운데 쪽으로 밀려 들어와도 어지간해서는 맞지 않았다.

심판들 역시 매덕스가 가진 이미지에 속는 경우가 많았다고 생각한다. 몸쪽보다는 바깥쪽 스트라이크존이 대체로 넓게 설정되어 있는 편이다. '아무리 그래도 이건 너무 빠진 거 아니야?' 하는 공도 매덕스가 던진 공이 포수가 미트를 갖다 댄 지점에 그대로 들어가면 스트라이크 판정을 받을 때가 자주 있었다. '매덕스는 제구가 좋으니까' 하는 이미지가 판정에 영향을 주었다고 생각한다.

시시한 이야기로 주의를 돌린다

경기 중에 몸은 긴장하고 있더라도 머리는 차가워야 한다. 물론 말이 쉽지 결코 쉬운 일은 아니다. 많은 경기와 경험을 통해 그런 경지에 다다른 투수도 있고, 멘탈 트레이닝으로 좋아지는 투수도 있다. 선수들에게는 항상 냉정하게 하자고 주문하지만 만만치 않은 일이라는 것을 잘 알고 있다.

위기 상황이 되면 마운드에서 과도하게 긴장하며 평정심을 잃어버리는 투수가 많다. 그때는 보통 투수코치가 마운드로 올라가 말을 걸곤 한다. 침착하게 하라고 말한다고 해결될 일이 아니라는 것은 나도 알고 있다. 맘대로 잘 되지 않는 것은 나도 경험한 일이다. (그런데도 가끔은 나도 모르게 침착하게 하라고 말할 때가 있기는 하다.)

지나치게 긴장하는 현상은 투수의 의식이 자기 자신에게 가 있기 때문에 일어난다. 그럴 때는 자신에게 향해 있는 투수의 주의를 바깥으로 돌려 놓아야 한다. 그냥 다른 쪽으로 머리를 쓰게 하면 좋다. 시답지 않은 아주 단순한 대화가 이럴 때 도움이 된다.

"너 어디서 태어났지?"

이렇게 지금 상황이나 야구와는 아무런 상관이 없는 대화도 괜찮다. 투수는 그 말을 들으면 "네?" 하는 반응을 보일 것이다. 그러면서 투수는 스스로에게 신경이 곤두선 상태를 빠져나오게 된다. 그렇게 투수의 주의를 다른 곳으로 돌릴 수 있다.

고향이 히로시마라고 대답하면 "그래! 너의 고향 히로시마의 투혼을 보여줄 때다!" 하고 말해준다. 출신 학교도 많이 물어보는 편이다. 사이토 유키나 아리하라 고헤이라면 "와세다의 혼을 보여줘!" 이렇게 말한다.

코치가 마운드에 올라갈 때는 포수와 야수들도 가급적 모이도록 한다. 투수와 이야기를 나눌 때 주변을 아우르며 마운드 주변의 분위기를 누그러뜨린다. 별거 아닌 것 같지만 이런 짧은 모임이 투수의 긴장을 덜어내는 효과가 있다. 이와 관련해서는 소개하고 싶은 인상깊었던 사례가 하나 있다.

대졸로 입단한 왼손 불펜투수인데 갑자기 스트라이크가 들어가질 않았다. 투아웃을 잘 잡고 연거푸 볼만 던지더니 금방 만루가 되고 말았다. 밀어내기가 나올 것 같은 상황이라 잠시 마운드로 달려갔다. 야수들도 모두 모였다. 나는 투수에게 손가락 두 개를 세우면서 질문을 던졌다.

"투아웃 만루야. 너한테는 두 가지 선택지가 있어. 어떤 거를 선택할래? 첫 번째는 지금보다 더 있는 힘껏 던지는 거야. 또 하나는 한번 심호흡을 하고 침착하게 안정을 되찾고 편하게 던지는 거야. 어떻게 할래?"

그랬더니 그 투수는 나의 검지손가락을 떨리는 손으로 잡더니 이렇게 답을 했다.

"있는 힘껏 던지겠습니다!"

그 순간 모여 있는 마운드 주변에 폭소가 터졌다.

"야! 임마! 여기서는 편하게 던지는 걸 선택해야지!"

야수 중에 한 명이 웃으며 끼어들었다. 투수는 이내 정신을 차리고 위기를 잘 벗어날 수 있었다.

가끔은 선수에게 어떻게 해야 할 지 묻자

위기 상황에서 투수가 패닉 상태가 되면 같이 패닉에 빠지는 포수가 있다. 경험이 풍부한 30대 중반 정도의 포수라면 그런 일은 없겠지만 젊은 포수들은 투수와 함께 허둥댈 때가 많다. 이럴 때 의지할 수 있는 선수들은 베테랑 센터 라인에 있는 2루수, 유격수다. 다나카 겐스케, 가네코 마코토, 이 두 명은 투수코치가 봐도 정말 믿음직스러운 존재다. 아무리 코치라도 투수에게 무슨 이야기를 해야 할지 마땅한 말이 떠오르지 않을 때가 있다. 그럴 때는 마운드에 올라가 그 둘에게 묻곤 했다.

"어떻게 하면 좋을까?"

2루수와 유격수는 경기 중에 많은 상황 판단을 해야 하는 포지션이다. 상대적으로 1루수, 3루수보다 까다로운 일들을 해야 한다. 상대팀 주자가 2루 도루를 할 때 누가 베이스 커버를 하는지 등을 사인을 통해 수시로 바꾼다. 차분하게 경기의 상황과 흐름을 파악하는 능력이 있어야 두 포지션을 맡을 수 있다. 또한 그라운드 안에는 벤치에서는 알 수 없는 경기의 흐름이 있다. 비슷하면서도 다른 감성을 피부로 느끼고 있는 선수들에게 나는 종종 어떻게 하는 게 좋을지를 물어본다. 주로 물어보는 것은 타자와의 승부다. 투아웃 2, 3루이고 1루가 비어 있을 때 타자와 승부를 하는 게 좋은지, 아니면 1루를 채워야 할지 야수들의 생각을 듣고 결정할 때가 종종 있다.

**그라운드 안에 있는 선수에게는
벤치에서는 느낄 수 없는 감각이 있다.
선수의 생각을 물으면 좋은 결정을 내릴 수 있다.**

벤치에서는 카운트가 불리해지면 볼넷으로 내보내도 좋으니 어렵게 승부하라는 주문을 하곤 한다. 감독이나 코치가 하기 쉬운 지시다. 스트라이크존을 살짝 벗어난 코스로 던져 볼넷이 되도 상관없고, 운 좋게 평범한 타구를 이끌어 내면 좋지 않을까 기대한다. 얼핏 보면 합리적으로 보이지만 투수에게는 몹시 어려운 과제다.

빠지는 공을 던지려는 의도와는 달리 가운데로 몰려서 안타를 맞는 경우가 자주 있다. 그래서 '카운트가 불리해지면' 이런 말로 투수를 혼란스럽게 하지 말고 벤치는 승부를 하라고 하든가, 1루로 내보내라는 분명한 메시지를 보내주어야 한다. 결과가 어떻든 벤치가 책임진다고 하는 자세를 보여주어야 투수가 마음껏 던질 수 있다. 투수와 타자의 매치업을 보고 충분히 이길 수 있다고 벤치가 판단하면 승부를 지시한다. 그 승부수가 통하면 1루를 채우고 나서 다음 타자를 막았을 때보다 팀의 분위기는 더욱 올라간다.

하지만 감독이나 코치도 인간이다. 여러 데이터와 경기의 흐름을 고려해도 결정을 내리기 어려울 때가 있다. 그럴 때는 감독도 선수에게 판단을 맡기기도 한다. 또 감독은 결정하지 못했지만 내가 확신이 들 때가 있다. 그럴 때는 선수에게 물어보라는 감독의 지시가 있어도 마운드로 올라가서는 나의 생각을 투수에게 전달한다.

"감독님이 다음 타자와 승부하라고 하신다. 내보내자."

"감독님이 책임진다고 하시니까 이 타자와 승부하자."

베테랑 야수들의 의견을 구할 때도 있다. 구체적으로 통계를 내보지는 않았지만 나의 경험상 야수들은 바로 승부하자고 제안하는 경향이 큰 것 같다.

"주자를 모으지 말고 그냥 승부하자. 점수 주면 우리가 다시 내면 돼."

야수들이 이렇게 말하면 투수도 든든함을 느낀다. 그런데 여담이지만 1루수와 3루수는 그렇게까지 투수를 생각하는 것 같지는 않다. 그냥 나의 느낌이다. 중심 타선에서 잘 치는 선수가 많은 포지션이라 그럴지도 모르겠다.

나는 영어를 조금 할 줄 알기 때문에 벤치에서도 외국인 선수가 말을 잘 거는 편이다. 불만을 늘어놓을 때도 있다.

"지금 투수 바꿔요?" "다음은 누구에요? 다니모토?"

이렇게 외국인 선수들이 다가와 물어보면 성가시다는 느낌이 들 때도 있지만, '나를 신뢰하고 있구나' 하면서 긍정적으로 생각하고 있다. 외국에서 뛰는 그들에게는 조금이라도 영어를 할 줄 아는 나같은 코치는 소중한 존재이기 때문이다.

긴장은 없애는 것이 아니라 이용하는 것

긴장 자체가 나쁜 것은 아니다. 사실 긴장은 싸우기 위한 몸의 준비다. 싸울지 도망갈지의 갈림길에서 싸우기로 마음먹었기에 긴장하게 되는 것이다. 긴장감이 있기 때문에 나오는 힘도 있다. 시즌 막판에 우승을 다툴 때나 플레이오프 경기를 할 때는 아무것도 안 해도 마음이 들뜨게 된다. 긴장하지 않는게 오히려 이상한 일이다.

세계 신기록을 몇 번이나 갈아치운 러시아의 장대높이뛰기 선수 옐레나 이신바예바가 TV 인터뷰에서 한 말이 인상적이었다.

"연습 때도 세계 기록으로 바를 설정해서 뛰나요?"
"그런 연습은 하지 않아요. 내가 뛸 수 있는 높이를 날마다 연습할 뿐이에요. 그 높이를 확실하게 넘을 수 있게 반복해서 연습합니다. 그러면 경기에서는 연습 때는 나오지 않는 불가사의한 힘과 아드레날린이 나오면서 기록을 깰 수 있게 돼요."

이신바예바 선수의 말처럼 큰 무대에서 긴장하는 것은 당연한 일이라는 사실을 코치도 선수도 이해할 필요가 있다. 그 긴장감을 어떻게 경기에서 사용할 힘과 에너지로 바꾸는가, 긴장감을 어떻게 컨트롤하느냐가 중요하다.

"불펜에서도 경기라고 생각하고 던져."
"연습은 실전처럼!"

옛날에는 코치로부터 이런 말을 많이 들었다. 투수라면 누구나 들어본 말이다. 그런데 그 말대로 불펜피칭을 실전처럼 하면 실제 경기에서 공을 던질 때 너무 힘이 들어가 버린다. 실제 경기에서는 선수의 몸에서 아드레날린이 분비되기 때문에 평소보다 더 큰 힘이 나온다. 내 느낌으로는 20% 정도 더 나오는 것 같다.

그런데 연습 때 100%의 힘으로 던지면 실제 경기에서는 120%가 되어서 움직임을 컨트롤하기 어려워진다. 항상 100%로 던지는게 습관이 되면 실전에서는 오버워크(overwork)가 되어버리는 것이다. 그러기 때문에 경기에서는 20% 정도 힘이 더 나온다고 생각하고 불펜피칭을 할 때는 80% 정도의 힘까지만 사용해 던지는 연습을 할 필요가 있다. 나는 선수 시절 초반에 느낀 바가 있어서 코치가 전력으로 던지라고 해도 스스로 조절을 하곤 했다.

"불펜피칭으로 피칭을 평가하지 않는다."

그래서 나는 이런 메시지를 처음부터 분명하게 투수들에게 전달한다. 경기의 긴장감으로 인해 더해지는 힘이 있기 때문에 선수의 진짜 피칭능력은 실전이 아니면 제대로 평가할 수 없다. 그리고 불펜피칭이 평가의 대상이 되면 투수는 자신도 모르게 힘이 들어갈 수밖에 없다. 어쩌다가 감독이 보러 오면 잘 보이고 싶은 마음에 더욱 힘이 들어가게 된다.

"불펜피칭은 경기를 위한 준비니까 별로 기대하지 말고 봐주세요."

불펜에서 하는 연습은 어디까지나 경기에서 좋은 피칭을 하기 위해서다. 스프링 캠프에 찾아오는 구단의 간부나 은퇴 선수들에게도 나는 불펜피칭으로 선수를 평가하지 말아달라고 부탁한다. 팀 안팎에 있는 관계자들 모두가 '불펜피칭은 경기를 위한 준비일 뿐'이라는 인식을 공유하고 있으면 선수들도 지나치게 의식하지 않게 된다.

대신 올바른 평가를 위해 스프링 캠프 때는 꼭 투수들 모두에게 골고루 경기에서 던질 수 있는 기회를 주려고 한다. 불펜피칭보다 경기에서의 피칭을 평가 기준으로 삼아야 부상의 위험을 줄일 수 있다. 또한 투수들을 보다 좋은 컨디션으로 실전 마운드에 올릴 수 있다.

> **불펜피칭은 경기를 위한 준비일 뿐이다.**
> **불펜피칭이 평가의 대상이 되면**
> **필요한 연습을 하기 어렵다.**

"중요한 경기에서는 최고(best)의 피칭을 할 필요가 없다. 그냥 좋은(good)피칭을 하면 된다."

그렉 매덕스가 한 말이다. 레전드가 한 말이라서가 아니라 진정으로 설득력이 있는 말이다. 2016년 일본시리즈 개막전을 할 때 매덕스의 이 말을 투수들에게 전해주었다. 큰 경기에서는 평소보다 큰 힘이 나오니까 '베스트'가 아니라 '굿'으로도 충분하다고 말해주었다.

"코치님 말씀처럼 '굿' 정도로 던졌어요."

경기를 마치고 한 선수가 이렇게 말했다. 내가 소개한 이야기가 경기에서 도움이 되었다고 생각하니 기분이 좋았다.

6장

코치의 말은 양날의 검

문제를 전달하는 방식이 내용만큼이나 중요하다

대학원에서 바이오메카닉스(생체역학)를 배운 것도 있고 해서, 지금은 투수의 피칭 동작을 보면 어디를 고치면 좋을지 대체로 감이 온다. 예를 들어 팔꿈치가 내려가면 팔꿈치의 움직임이 아니라 발을 내딛는 방법에 문제가 있는 경우가 많다. 발을 내딛는 방향이 어긋나서 그에 대한 보상작용으로 저절로 팔꿈치가 내려가는 식이다. 이렇게 이유가 분명하더라도 어떻게 그 내용을 전달할 것인지가 중요하다.

문제점을 전달하는 방법은 선수에 따라 다르다. 신체의 움직임을 잘 파악하고 있고, 경험도 많으면서, 성적도 좋은 선수라면 팔꿈치가 내려가 있다고 그대로 말해도 상관없다. 그런 선수는 '아, 그렇구나!' 하면서 바로 코치의 말을 이해한다. 피칭 동작의 어디에 문제가 있기 때문에 팔이 내려갔는지를 잘 알고 있기 때문에 코치의 말만 들어도 스스로 문제를 해결할 수 있다.

그런데 경험도 많지 않고 자신의 피칭 동작에 대한 이해도 떨어지는 선수에게는 다르게 접근해야 한다. 그런 선수는 코치가 문제라고 말한 팔꿈치만 억지로 올리면서 문제를 해결하려고 한다. 그러면 피칭 동작의 또 다른 부분에 문제가 생겨서 투구폼 전체가 망가지게 된다. 부상의 원인이 될 수도 있다.

그런 선수들은 자신의 몸이 어떻게 움직이는지 잘 모르기 때문에 팔스윙을 하기 이전 동작에 문제가 있다는 사실을 알아 차리지 못한다. 이런 경우에 나는 팔꿈치가 내려갔다고 그대로 말하지 않고, "앞발을 내딛는 동작이 조금 흐트러진 것 같으니까 여기를 조금 고쳐볼까?" 하고 조심스럽게 말한다. 팔꿈치에 관해서는 일부러 덮어둔다. 하지만 이렇게 접근하면 자신도 모르는 사이에 원래의 팔꿈치 높이로 되돌아가는 경우가 많다.

**선수는 코치가 문제라고 말한 동작에만 집중하기 쉽다.
그러면 신체의 다른 움직임에 새로운 문제가 생겨
투구폼 전체가 어긋날 수 있다.**

나의 고정관념으로 선수를 어려움에 빠뜨린 기억들

지금이야 바이오메카닉스를 바탕으로 투수 한 명 한 명에 맞는 처방을 하면서 피칭 메카닉을 발전시킬 수 있지만 불과 얼마 전만 해도 그렇지 않았다. 나 역시 선수에게 해서는 안되는 말도 많이 했는데, 나에게는 두 가지 가슴 아픈 기억이 있다. 둘 다 대학원에서 공부를 하기 전에 처음 니혼햄 파이터스의 코치를 했을 때 겪었던 일이다.

첫 번째는 선수가 어떤 느낌으로 던지고 있는지를 생각하지 않고 내가 경험했던 감각에 맞추어 조언을 했다가 선수를 엉망으로 만든 사례다. 2군 코치로 있을 때 타고난 체격으로 시속 150km 가까운 패스트볼을 던지던 왼손투수가 있었다. 컨디션이 좋은 날은 정말 무시무시한 공을 던졌다. 하지만 피칭 동작은 마치 '육지로 올라온 물고기'처럼 펄떡이며 뛰는 것 같은 느낌이 있었다. 움직임이 자연스럽지 못했고 늘 힘이 잔뜩 들어간 상태로 공을 던지는 것처럼 보였다. 타이밍이 조금이라도 맞지 않으면 컨트롤이 형편없었다. 항상 120%로 던지는 느낌이었기 때문에 나는 선수에게 하나의 제안을 했다.

"조금만 더 힘을 빼는 게 좋지 않을까? 경기에서 마운드에 오르면 힘이 더 나오잖아. 다음 경기에서는 한번 70% 정도로 던져보지 않을래?"
"저도 그렇게 생각했습니다. 한번 해보겠습니다."

나는 힘을 빼고 70% 정도로 던지면 딱 좋지 않을까 생각했다. 그는 나의 제안을 받아들여 불펜피칭을 할 때부터 70%로 던지는 연습을 하기 시작했다. 그런데 옆에서 봤을 때는 40% 정도로 던지는 것처럼 보였다. 확실히 투구폼은 안정되고 컨트롤도 좋아졌다. 그런데 구속은 시속 130km 대로 뚝 떨어졌다. 하지만 경기를 하면 아무래도 힘이 더 나올 테니 좋아지지 않을까 생각했다. 하지만 경기에서도 그 투수는 40% 정도의 힘으로 던지고 있었다. 컨트롤은 분명 좋아졌지만 타자가 볼 때는 치기 딱 좋은 스피드였다. 아니나 다를까 경기에 나갈 때마다 상대 타자들에게 계속 두들겨 맞았다.

"힘이 들어가지 않는 게 보이네. 어떤 감각으로 던지고 있어? 어때? 괜찮아?"
"네! 굉장히 좋은 느낌이에요!"

선수는 느낌이 좋다고 말하지만 경기에서의 결과가 계속 안 좋았기 때문에 이래서는 안된다고 판단했다. 아무래도 원래 던지던 방식으로 돌아가는 게 좋겠다고 생각했다. 경기에서 공을 던지는 영상을 보여주었다.

"경기에서는 이렇더라구."
"어?"

선수도 그제서야 자신의 피칭에 힘이 실리지 않는다는 사실을 깨달았다.

"내가 한 말이 도움이 안되는 것 같으니 이제 그만하자. 내일부터는 원래대로 돌아가는거야."

하지만 이전의 움직임으로 돌아가는 작업이 만만치 않았다. 그 투수는 전과 같은 힘 있는 공을 던지지 못했다. 70%의 힘으로 던지려고 열심히 노력한 나머지 시속 150km를 던지던 움직임을 몸이 잊어버리고 만 것이다.
'70%의 힘으로 던진다.'
코치가 생각하는 70%와 선수가 생각하는 70%는 다른 것이 당연하다. 나는 그것을 간과했다. 게다가 그 선수는 애초에 힘을 빼고 던진다든지, 힘을 조절한다든지 하는 작업을 잘 못하는 타입이기도 했다. 연습하던 장면을 떠올려보면 캐치볼을 할 때도 힘을 빼고 던지는 모습을 본 적이 없었다. 그런 모습들을 잘 관찰해서 선수의 특성을 알아차렸어야 했다. 그 선수의 경우에는 처음부터 120%로 던지는 것을 전제로 전략을 마련했어야 했는데, 내가 선수를 제대로 관찰하지 못해 실수를 저지른 것이다. 그 선수는 시즌이 끝난 후 트레이드되었고, 이적 후에도 1년 만에 방출되면서 프로야구선수로서의 인생이 끝나버렸다. 코치로서 최악의 조언을 했다는 죄책감을 느꼈다. 그나마 그가 프로야구팀에 프런트 직원으로 들어간 것이 불행 중 다행이었다.

> **선수의 감각과 코치의 감각은 완전히 다르다.
> 코치는 자신이 경험한 감각에 빗대어
> 쉽게 조언을 하면 안된다.**

두 번째는 선수가 가지고 있는 신체의 특성을 고려하지 않았던 사례다. 그 선수는 키가 190cm를 넘는 일본 사람 같지 않은 탁월한 신체능력을 가진 오른손투수였다. 하지만 들쭉날쭉한 컨트롤이 문제였다. 그래서 일본 투수들이 흔히 사용하는, 밸런스 중심의 피칭 동작으로 바꾸면 컨트롤이 좋아지지 않을까 하는 생각이 들었다.

하지만 연습을 해도 좀처럼 컨트롤이 나아지지 않았다. 그 선수는 키도 컸지만 팔도 유난히 길었다. 힘을 더욱 모으기 위해, 그리고 공이 나오는 모습이 타자에게 잘 보이지 않게끔 되도록 몸이 열리는 시점을 늦추는 게 일본 투수들의 일반적인 투구폼이다. 그런데 팔이 긴 투수는 이런 동작을 하기가 다소 어렵다.

몸이 열리는 시점을 늦출 수록 팔스윙을 할 공간이 없어져 세게 팔을 휘두를 수 없게 된다. 대학원에서 바이오메카닉스를 배운 지금에서야 알게 된 사실이지만 그때의 나는 거기까지 볼 수 없었다.

그 선수는 코치가 하는 말을 잘 따라서 했는데도 바꾸기 어렵다고 느꼈을지도 모른다. 더욱 긴밀하게 이야기를 주고받으면서 선수의 감각과 생각을 확인했어야 했다. 그와 같이 뛰어난 신체능력을 가진 선수라면 한 시대 전에 메이저리그 투수들이 주로 사용한 피칭 동작이 맞았을지도 모른다. 몸이 빨리 열리는 거는 신경 쓰지 말고 그냥 '냅다 던지는' 느낌으로 팔을 강하게 휘두르도록 놔두는 방식이다. 던지고 나면 몸 전체가 1루 쪽으로 쓰러지는 파워풀한 투구폼이 그 선수에게는 맞았을 지도 모른다는 생각을 한다.

일본에서는 공을 던지고 나서 투수가 야수의 역할을 하는 것을 중요하게 여긴다. 그래서 던지고 난 다음에도 밸런스가 무너지지 않는 피칭 동작을 어릴 때부터 가르친다. 몸 전체가 1루 쪽으로 쏠리게 되면 3루 쪽으로 굴러가는 타구에는 대응하기 어렵기 때문이다. 하지만 투수에게 가장 중요한 일은 던지고 난 다음의 수비가 아니라 피칭 그 자체다. 나는 일본 투수들도 이런 시도를 해볼 가치가 있다고 생각한다. 상체의 힘이 강한 아리하라와 같은 타입은 이런 피칭 동작이 맞을지도 모른다. 해보는 것만으로도 어떤 힌트를 얻을 때가 있다. 고정관념에 얽매이지 않고 넓은 시야를 가지는 일은 코치에게나 선수에게나 필요하다.

다르빗슈의 수준 높은 질문이 나를 발전시켰다.

아직 2군에 있는 선수나 1군에 정착한지 얼마 되지 않은 선수는 기술적인 면, 인간적인 면 양쪽 다 가르칠 것이 많다. 특히 2군은 기본적인 기술부터 하나씩 익혀야 하는 단계다. 하나하나 자세히 가르칠 필요가 있는 선수들이다. 어떻게 야구를 대할 것인가와 같은 프로의식과 인성적인 부분도 같이 지도해야 한다.

1군에 자리 잡지 못하고 2군으로 돌아온 선수는 자신의 부족함을 잘 느끼고 있다. 기술적인 가르침도 빨리 흡수하고 프로 선수로서 가져야 할 자세에 대해서도 귀 기울여 들을 수 있는 상태인 경우가 많다. 생각하기에 따라서 코치로서는 선수를 발전시키기 더할 나위 없는 기회다.

반면 1군의 주전급 선수들은 어지간한 일들은 선수 스스로 할 수 있기 때문에 코치인 내가 간섭할 일이 상대적으로 적다. 다만 평소에는 별로 일이 없는 반면 한번 문제가 생기면 대응을 하기 위해 많은 고심을 하게 된다. 직접 마주하는 횟수는 적지만 쏟아붓는 에너지는 어쩌면 더 클 지도 모른다.

다르빗슈가 선발로 나오는 날은 불펜투수의 기용에 대해 크게 고민하지 않았다. 던질 때마다 긴 이닝을 맡아주니까 마무리 투수를 준비시켜야 할지 정도만 결정하면 됐다. 대신 다르빗슈가 던질 때는 피칭 동작에 어떤 변화라도 있는지 놓치지 않기 위해 온 신경을 집중해서 지켜봤다. 다르빗슈가 하는 질문은 수준이 매우 높아서 그 질문에 답을 하기 위해서는 코치의 수준도 높아져야 하기 때문이다. 최고의 선수를 상대하는 코치는 마찬가지로 최고 수준의 코칭 능력을 갖추고 있어야 한다.

다르빗슈와 같이 거의 완성된 선수나 고참급 선수들은 그대로 놔두어도 괜찮은 경우가 많지만, 코치로서 어려운 대상은 그 바로 아래 단계에 있는 선수들이다. 1군에 자리 잡고 있기 때문에 자존심은 높다. 하지만 정신적으로는 아직 미숙한 부분이 있어서 조만간 벽에 부딪힐 것 같은 선수들이다. 물론 개인차가 있지만 나이로 따지면 대체로 30세 전후의 선수들이 아닐까 싶다. 어느 정도 경험도 쌓였고 스스로의 힘과 노력으로 여기까지 올라왔다는 자부심도 있는 선수들이다. 가끔은 스트레스를 풀기 위해 밤 늦게까지 술을 마시기도 한다. 프로선수로서 무엇이 중요한지를 아직 완전히 인식하지 못하고 좋은 습관이 몸에 배이지 않은 모습을 종종 보여주곤 한다.

팀의 주축 선수들이 보여주는 행동은 팀 동료들도 관심을 갖고 지켜본다. 연습 태도는 물론이고 평소의 말과 행동에서도 그 선수의 인성은 드러나기 마련이다. '내가 누군데!' 하면서 자기 마음대로 행동하는 선수들이 있는데, 젊은 선수들에게 나쁜 영향을 미칠 뿐만 아니라 그대로 방치하면 그 선수 자신도 더 크게 성장하지 못한다. 거기가 갈림길이다. 여기서 한 단계 더 올라가려면 그런 태도를 바꿔야 한다고 알려줄 필요가 있다. 진정한 특급 선수로 가는 길목에 있다는 사실을 전해주어야 한다.

다르빗슈가 하는 질문의 수준은 매우 높아서
그것에 답을 하려면 나의 실력을 키워야 했다.
좋은 선수가 좋은 코치를 만든다.

하기 싫은 말이라도 돌리지 말고 솔직하게
2017년 시즌에는 코치로서 어려운 과제와 마주해야 했다. 팀의 핵심 불펜투수였던 미야니시 나오키에게 다른 임무를 맡겨야 하는 상황이 생긴 것이다. 이기고 있는 경기에서 가급적 젊은 선수를 사용하겠다는 팀의 방침 때문이었다.

　미야니시는 왼손이면서도 사이드로 던지는 투수로 슬라이더가 강점이었다. 대졸로 프로에 입단하여 2008년부터 2017년까지 10년 연속으로 50경기 넘게 경기에 출전했다. 말 그대로 철완이라고 할 수 있다. 효고현 출신인데 겉모습은 개구쟁이처럼 보이지만 마운드에만 올라가면 강하고 차가워진다. 미야니시는 언제나 최악의 상황까지 머릿속에 그려 두고 공을 던진다. 벤치에서 볼 때는 아주 믿음직스러운 선수다. 마스이 히로토시, 다니모토 게이스케와 함께 오랫동안 니혼햄 파이터스의 불펜을 지탱해온 의문의 여지가 없는 핵심 불펜 멤버다.

특히 2016년에 히로시마 카프와 맞붙었던 일본시리즈에서 미야니시의 피칭은 정말 대단했다. 1승 2패로 뒤진 상황에서 맞이한 네 번째 경기, 승패의 갈림길에서 미야니시는 자신의 진가를 제대로 보여주었다. 3대1로 이기고 있는 9회에 경기를 마무리하기 위해 미야니시가 마운드에 올랐다. 투아웃을 잡고 나서 볼넷과 연속 안타를 허용하며 만루의 위기에 몰리게 되었다. 절체절명의 상황에서 히로시마의 3번 타자 마루 요시히로와의 대결을 앞둔 상황! 여기서 역전을 당해 지게 되면 1승 3패가 되면서 우리 팀은 벼랑 끝으로 내몰리게 된다. 시리즈의 분위기가 완전히 히로시마로 넘어갈 수 있다. 말로 표현할 수 없는 압박감이 짓누르는 가운데 미야니시는 풀카운트에서 스트라이크존 바깥쪽으로 빠져나가는 슬라이더를 과감하게 선택했다. 마루 요시히로의 배트는 허공을 갈랐고 우리는 시리즈를 동률로 가져올 수 있었다.

'볼이 되어도 좋으니까 제발 가운데로는 던지지 마!'

나는 조마조마한 마음으로 벤치에서 그 상황을 지켜보고 있었다. 하지만 마운드에 있는 미야니시는 나보다 더 침착하고 냉정했다. 그 역시 나와 같은 생각을 가지고 있었다.

'볼넷을 내줘도 좋다. 밀어내기로 한 점을 주더라도 아직 한 점 이기고 있으니까.'

미야니시는 다음 타자도 생각하면서 마지막 공을 결정했다. 나중에 들은 이야기지만 미야니시는 마지막 공을 던지기에 앞서 타자에게 미끼를 던졌다고 한다. 앞선 2-2 카운트에서 바깥쪽으로 크게 벗어나는 슬라이더를 일부러 던져서 풀카운트까지 끌고 왔다고 한다. 타자에게 슬라이더 제구가 안 된다는 인상을 심어 주어서 다음은 패스트볼이 올 거라고 예상하도록 유도한 것이다. 마지막 공을 던질 때는 볼넷으로 내보내도 좋다는 생각도 있었지만, 바깥쪽으로 살짝 빠져나가는 슬라이더를 던지면 타자가 휘두를 거라고 100% 확신했다고 한다. 이렇게까지 대담하게 경기할 수 있는 선수가 미야니시다.

하지만 미야니시의 2017년 시즌 초반은 그다지 좋지 않았다. 몸 상태가 정상이 아니었다. 시즌 개막 전에 월드베이스볼클래식

(WBC) 대회의 일본 대표로 참가한 영향도 있었던 것 같다. 대회에 참가하기 위해 평소보다 한 달 일찍 몸을 만들어야 했다. 일본에서 사용하는 공과 다른, 잘 미끄러지는 WBC 공인구로 던져야 했기 때문에 적응의 어려움도 있었을 것이다. 비시즌에 항상 해왔던 훈련 방식을 많이 바꿔야 했다. 그래도 시즌 중반에는 원래의 미야니시로 다시 돌아왔다.

그런데도 미야니시의 역할에 변화를 주어야 했던 배경에는 FA(프리에이전트) 계약 문제가 있었다. 2017년 시즌이 끝나면 미야니시, 마스이, 다니모토, 세 명이 동시에 FA가 될 가능성이 있었기 때문이다. 선수가 FA 권리를 행사하면 자유롭게 팀을 옮길 수 있다. 구단이 아무리 남아달라고 부탁을 해도 옮기려는 선수를 막을 수는 없다. 단순히 연봉이나 계약 기간과 같은 금전적인 조건만으로 선수는 결정하지 않는다. 최근에는 자신이 태어난 고향에서 야구를 하며 선수 생활의 마지막을 보내고 싶어 하는 선수도 제법 많다.

팀으로서는 믿고 맡길 수 있는 베테랑 불펜투수가 세 명이나 없어질 가능성이 있기 때문에 대책을 세워야 했다. 이기기 위해서 경기를 하는 것은 변함이 없지만, 동시에 팀의 미래도 생각해야 한다. 젊은 선수들에게 조금이라도 경험을 쌓게 하려는 팀의 방침은 자연스러운 일이라고 할 수 있다.

하지만 미야니시의 입장에서는 그다지 탐탁치 않은 이야기다. 그는 오랫동안 불펜의 핵심으로 일해 왔다. 7, 8회 이기고 있을 때는 늘 마운드에 올라가 벤치와 팬들의 기대에 부응한 피칭을 보여주었다. 미야니시는 경기가 어떻게 흘러가는지를 보고 자신이 나갈 시점을 예상하며 알아서 준비를 해왔다. 그런데 언제부턴가 "미야니시, 지금이야." 하고 호출이 와야 할 타이밍에 자신의 이름을 부르지 않는다. '여기서는 내가 나가야 하는 거 아닌가?' 하는 생각이 들면서 기분이 언짢아진다. 반대로 자신이 나갈 때가 아니라고 생각하는데 "미야니시, 부탁해." 하고 등판 지시가 떨어진다. '내가 왜 여기서 나가는거야. 어떻게 된 거야!' 미야니시 입장에서는 이런 생각이 드는 게 당연하다. 그러다 보니 불편한 마음이 행동으로도 나타났다. 미야니시는 자신의 기용 방식에 대해 노골적으로 불만을 표시했다.

미야니시와 팀 사이의 틈은 점점 커졌다. 못마땅한 마음은 태도로 계속 드러났고 불펜 전체의 분위기에 안 좋은 영향을 주고 있었다. 구리야마 히데키 감독님은 스스로 느꼈으면 좋겠다는 생각을 가지고 있었기에 코치인 내가 직접 나서기로 결심했다. 투수코치로서 말하기보다는 사회인으로서, 선배로서 다가가려는 마음이었다. 8월 말쯤에 둘이 이야기할 시간을 미야니시에게 부탁했다.

"어렴풋이 느꼈겠지만 요즘 경기에 투입되는 타이밍이 평소와는 다르지? 미야니시 정도의 나이가 되면 팀의 계획에 따라 이런 경험을 하게 될 수도 있다고 생각해. 물론 그걸 분하게 느끼는 건 괜찮아. 그런데 젊은 선수라면 그런 태도를 보여도 괜찮겠지만 미야니시라면 조금 더 의연하게 행동하는 게 좋지 않을까? 한번 생각해줬으면 좋겠어."

솔직히 이런 말을 하기가 정말 힘들었다. 하지만 정직하게 말을 해주어야 미야니시에게 도움이 된다고 생각했다. 미야니시도 자신의 솔직한 생각을 말했다. 그도 '불편한 마음을 드러내서는 안 된다고, 묵묵히 최선을 다하면 된다고' 생각했다고 한다. 그렇지만 마음 한켠에 계속 부정적인 생각이 올라왔다고 한다.

'아무리 그래도 여기까지 해온 자존심이 있는데, 나도 자리를 지키고 싶다고!'

이런 생각들이 자기도 모르게 태도로 나타났다고 솔직하게 말해주었다.

"이제는 던지라고 하면 언제든 열심히 던지겠습니다."

미야니시는 마지막에 이렇게 자신의 다짐을 말해주었다. 그는 다음날부터 완전히 안정된 모습으로 불펜에 나타났다. 나는 그 모습을 보고 가슴을 쓸어내리며 안도했다.

선수는 스스로 차지한 자리를 지키고 싶어한다. 실력이 있으면 당연히 그렇게 할 수 있다고 생각한다. 하지만 비록 실력이 된다고 하더라도 팀의 전략에 따라 다른 역할을 해야 하는 상황이 벌어질 수 있다. 선수는 쉽게 이해하지 못할 수 있지만 주변의 상황을 잘 파악하고 현실을 받아들여야 한다. 그런 상황에 직면한 선수의 언행은 주위 선수들에게도 적지 않은 영향을 주기 때문이다.

미야니시는 그 후에 조금도 흐트러지지 않고 자신에게 주어진 역할에 집중해 주었다. 다니모토는 시즌 중인 7월 말에 주니치로 트레이드되었고 마쓰이는 시즌을 마치고 오릭스로 옮기기로 결정했다. 미야니시는 니혼햄 파이터스에 남는 길을 선택했다. 그에게는 오래 전부터 남다른 헝그리 정신이 있었다. 그가 더욱 분발하여 자신의 포지션을 찾아 다시 한 번 활짝 꽃을 피우길 기원한다.

솔직한 대화는 서로 간에 몰랐던 속마음을 드러내기도 한다.

나도 원하지 않은 보직 변경을 당한 경험이 있다. 몬트리올 엑스포스(지금은 워싱턴 내셔널스)에서 뛰고 있을 때의 일이다. 시즌이 시작되고 얼마 되지 않아 선발 로테이션에서 빠진다는 이야기를 코치로부터 듣게 되었다. 불펜으로 이동해 롱릴리프로 던지라는 지시였다. 개막하고 몇 경기밖에 하지 않았기 때문에 '왜 내가 빠져야 하지?' 하는 생각에 화가 치밀어 올랐다.

나는 항의를 하려고 감독을 찾아가 나의 헬멧을 바닥에 내려놓았다. 그리고는 헬멧을 수박 깨듯이 배트로 내려쳐서 부숴버렸다. '불펜투수는 타석에 서는 일이 없으니까 이건 필요 없잖아요?' 이런 뜻을 담은 행동이었다. 그때 감독은 나이가 많은 '할아버지' 같은 분이었는데 나의 거친 행동을 보고 무척 놀라 바로 투수코치를 불렀다. 코치는 나를 보며 단호하게 말했다.

"너한테는 두 가지 선택지가 있어. 하나는 생각을 바꾸고 불펜으로 가는 거야. 또 하나는 이대로 짐을 싸서 팀을 떠나는 거고."

나는 죄송하다고 말하고 불펜으로 가겠다고 대답했다. 일본에서는 성질을 부리다가 벌금을 낸 적은 있었지만 사과를 한 적은 없었다. 하지만 이때는 고분고분 머리를 숙였다.

때로는 감독보다 코치가 앞서서 문제에 대해 단호하게 대처하는 것도 조직을 뭉치게 하는 데 필요한 일이라고 생각한다. 빙 둘러 말하기보다 단호하게 현실을 말해주는 게 선수가 받아들이기도 좋지 않을까 싶다. 엑스포스의 코치는 나에게 '팀을 떠나는' 선택지도 제시해 주었다. 물론 나는 같은 상황이 되면 똑같이 그렇게 말하지는 않을 것이다. 나는 내가 그랬던 것처럼 선수가 자기 주장을 하고 싶어하는 것도 충분히 이해하기 때문이다.

나를 분발하게 만든 감독님의 한마디

나에게도 코치의 말을 듣고 엄청난 동기부여가 되었던 경험이 있다. 긴테쓰 버팔로스에 있을 때 오기 아키라 감독님이 해주신 말씀이다.

"내년에는 좋은 자리에 쓸 거야."

입단 4년째가 되는 1997년의 여름에 당시 수석코치였던 오기 감독님께서 해주신 말씀이었다. 짧고 단순한 말이었지만 내 가슴을 크게 두드렸다. 보통 그 시기에 다음 시즌에 관한 이야기는 좀처럼 하지 않는다. 게다가 나는 4년차 시즌이 끝나가는 시점에서 겨우 통산 2승밖에 올리지 못한 하찮은 젊은 투수에 불과했다.

그런 선수에게 코치가 다가와 다음 시즌에는 중요하게 쓰겠다고 말해준 것이다. 나로서는 분발하지 않을 수 없었다. 코치의 기대에 보답하겠다는 마음이 저절로 생겼고 그해 비시즌 동안 새로운 다짐으로 훈련에 매진했다. 나중에 생각해보니 오기 감독님의 심오한 의도가 있었던 것 같다. 나같은 성격의 선수는 지금 뜻을 전달해두면 분명히 더 열심히 할 거라고 생각하지 않으셨나 싶다.

그때는 몰랐지만 오기 감독님은 이미 다음해에 감독으로 취임하는 것이 결정된 상황이었다. 그래서 나를 좋은 자리에 쓰겠다고 분명하게 말할 수 있었다. 다만 내가 생각한 '좋은 자리'는 선발 로테이션이었지만 감독님이 생각한 역할은 마무리였다. 1998년 시즌에 나는 개막전부터 1군에 들어가서 50경기를 출전했다. 10승 24세이브를 올려서 최우수 구원투수 타이틀을 차지했다.

많은 감독들은 자신의 구상을 선수에게 잘 전달하지 않는다. 그런데 선수에 따라서는 팀의 계획과 전략을 미리 알려주는 게 도움이 될 수도 있다. 물론 지금의 나는 투수코치이고 최종결정권을 가진 감독이 아니기 때문에 선수에게 섣불리 미래의 일을 말할 수는 없다. 하지만 내 마음에 불을 붙여준 오기 감독님처럼 선수의 의욕을 끌어낼 수 있는 방법을 찾기 위해 노력하고 있다. 가끔은 간접적으로 힌트를 주는 듯한 표현으로 '기대를 많이 하고 있다'는 메시지를 보내기도 한다.

7장

오타니!
상식에 질문을 던지는 선수

새로운 환경에 적응하는 게 관건이다

2017년 시즌을 마치고 오타니 쇼헤이가 메이저리그 LA 에인절스로 간다고 발표하였다. 해맑게 웃으며 입단 기자회견을 하면서 메이저리그에서도 투타 겸업, 이른바 '이도류'를 계속 하겠다고 선언했다. 드래프트 전에는 일본 프로야구를 거치지 않고 바로 미국으로 가겠다고 공언했던 오타니 쇼헤이다. 꿈을 향한 출발선에 서게 되어서 아주 기뻤을 것이다.

오타니는 이와테현의 하나마키히가시 고등학교에서 드래프트 1순위로 니혼햄 파이터스에 입단했다. 2년차인 2014년에는 투수로 두 자릿수 승리를 기록했고, 타자로는 두 자릿수 홈런을 달성했다. 다음 해는 15승을 올려서 최다승 투수가 되었다. 2016년에는 10승, 22홈런으로 팀이 우승을 하는 데 크게 공헌했다. 투수와 지명타자 부문에서 베스트 나인에 선정되었다. 리그 MVP도 당연히 오타니의 몫이었다. 프로에 입단하기 전에는 일본야구의 많은 관계자들과 미디어가 오타니의 이도류 도전을 회의적인 시각으로 바라봤다. 어느 한쪽에 전념해야 한다고 지금도 말하는 사람들이 있다. 하지만 나는 오타니가 일본에서 다섯 시즌을 치르면서 이도류가 결코 불가능하지 않다는 것을 보여주지 않았나 생각한다.

선발로 나올 때도 시속 160km를 던졌고, 불펜으로 나오면 일본 최고 구속인 시속 165km를 던졌다. 장타를 날릴 수 있는 타격

능력과 빠른 발도 가지고 있다. 그가 지니고 있는 재능의 끝이 어디인지 나로서는 가늠할 수가 없다.

나는 그가 가진 최고의 장점이 '체력'이라고 본다. '회복력'이라고 말해도 좋다. 투수와 야수를 같이 하려면 두말할 나위도 없이 컨디션 관리가 중요하지만, 애초에 특별한 체력이 없으면 도전할 수가 없다. 체력이나 회복력은 나이가 들면서 떨어지는 경향이 있으니까 앞으로 어느 한쪽에 전념해야 할 시기가 올지도 모르겠다. 그렇게 따지고 보면 지금이기에 이도류에 도전할 수 있는 것이다. 오타니의 이도류 도전이 어디까지 진화하는지 기대를 가지고 지켜보고 있다. 팬들도 나와 같은 마음일 것이다.

메이저리그에서도 오타니는 큰 화제를 불러 일으키고 있다. 미디어에서는 베이브 루스를 소환하기도 한다. 메이저리그에서 통산 714개의 홈런을 때려낸, '야구의 신'이라고 부르는 전설의 대타자다. 베이브 루스도 메이저리그에 데뷔할 때는 투수였다가 나중에 야수로 바꾸었는데, 두 자릿수 승리와 홈런을 함께 기록한 적이 있다고 한다. 일본의 언론 보도도 더욱 과열되고 있다. 오타니의 이적 발표가 나오자 마자 '선발 로테이션의 한 축', '타순은 3번'이라는 제목의 기사를 미디어가 앞다투어 소개하고 있다.

냉정하게 바라볼 것들도 있다. 이도류를 논하기 이전에 오타니는 일본에서 한 시즌 동안 선발 로테이션을 끝까지 지킨 적이 한 번도 없다. 투타 모두에서 좋은 성적을 남겼지만 늘 피칭과 타격을 같이 한 것은 아니다. 부상이 종종 있었고 경기에 나가더라도 어느 한 쪽에만 전념한 시기가 있었다.

그리고 미국의 환경은 일본과 크게 다르다. 일본은 돔구장이 많지만 메이저리그는 3분의 2 이상이 야외 구장이다. 시즌 개막 직후나 포스트시즌에는 눈이 내리는 지역도 있고, 여름 기온이 40도까지 올라가는 곳도 있다. 남동부에 있는 플로리다 말린스(지금은 마이애미 말린스)와 북부에 있는 클리블랜드 인디언스(지금은 클리블랜드 가디언스)가 맞붙은 1997년 월드시리즈는 따뜻한 플로리다와 기온이 영하까지 떨어지는 클리블랜드를 오가면서 경기를 했다. 그 정도로 미국은 지역에 따라 날씨가 천차만별이다.

일본에서 오타니는 여름에 다소 지친 모습을 보였다. 몸이 살짝 홀쭉해지곤 했다. 인간은 신체 내부의 에너지가 줄어들면 부족한 부분을 근육에서 만든다. 그래서 여름이 되고 시즌이 진행될 수록 근육량이 떨어지게 된다. 비교적 시원한 홋카이도돔이 홈구장이었는데도 그랬으니까 메이저리그에서는 컨디션 조절이 더욱 쉽지 않을 것이다.

나의 경험으로는 시차도 컨디션 조절을 어렵게 했다. 일본은 표준 시간이 하나이기 때문에 외국에 나갈 때 말고는 시간을 신경

쓸 일이 없다. 하지만 미국은 땅이 넓어서 표준 시간이 네 개나 있다. 일본에서 메이저리그 생중계를 보면 뉴욕이나 보스턴, 애틀란타 등 미국 동부 지역의 낮 경기는 오전 2시 정도에 시작한다. LA나 시애틀 등 서부 지역 야간 경기는 오전 11시쯤 시작한다. 정말 어마어마한 차이다.

기온뿐만 아니라 습도의 차이도 야구를 하는 데 큰 영향을 미친다. 일반적으로 동부 지역은 습도가 높다. 하지만 서부 지역은 습도가 낮아서 비교적 공이 잘 뜨는 편이다. 나도 뛴 적이 있는 콜로라도 로키스의 홈구장은 해발 약 1,600m나 되는 고지대에 위치해 있다. 공기의 밀도가 적어 타구가 무척 잘 나간다. 또한 공기의 저항이 적으면 변화구가 잘 꺾이지 않는다. 커브와 슬라이더의 휘는 각도가 평소보다 작아지고 포크볼도 잘 떨어지지 않아서 치기 좋은 공이 되기 쉽다. 패스트볼도 예상치 못한 방향으로 가버리는 때가 있다.

또 메이저리그의 공인구는 일본과 다르다. 4년에 한 번 월드베이스볼클래식(WBC)이 열릴 때마다 일본프로야구 공인구와의 차이가 언급되곤 한다. 일본에서 쓰는 공은 가죽의 표면이 살짝 끈끈해서 손에 감기는 느낌이 있다. 반면 메이저리그에서 사용하는 공은 잘 미끄러지는 편이다. 그래서 전용 진흙을 발라 사용한다. 옛날부터 해온 전통이라고 하는데, 그것 때문인지 로진백의

송진가루가 손끝에 점막같이 달라붙어서 더 미끄러울 때가 있다. 모양이 찌그러진 공도 나는 종종 발견했다. 공마다의 차이가 일본보다 크다고 느꼈다.

공이 미끄럽다는 점은 일본 선수만이 아니라 메이저리그 투수들도 대체로 그렇다고 느낀다. 그래서 공이 미끄러지지 않도록 여러 궁리를 한다. 티나지 않게 금지된 이물질 등을 사용해 미끄러짐을 방지하는 투수도 있었다. 지금은 규정 위반으로 심판이 수시로 투수의 손과 유니폼 등을 체크한다. 어느 경기인가는 우리 팀의 공격이 끝나고 마운드로 올라가 가까이에 떨어져 있는 공을 주웠더니 뭔가가 찰싹 달라붙어 있었다. "이거, 이래도 되는 겁니까?" 하며 심판에게 보여줬더니 웃으면서 그 공을 바깥으로 던지고 새 공을 줬다. 심판들도 대충 눈감아 주던 시절이었다.

2017년 월드시리즈에서는 공이 너무 미끄럽다는 투수들의 볼멘소리가 계속 나왔다고 한다. 다르빗슈도 제구에 어려움을 겪으며 힘든 경기를 해야 했다. 홈런이 너무 많이 나와서 메이저리그 사무국이 딱딱하고 비거리가 잘 나오는 공으로 바꾼 게 아닌가 하는 소문이 무성했다고 한다. 당연히 사무국은 그런 의혹을 부인했다.

마지막으로 메이저리그의 선발투수 로테이션은 일본과 다르다. 메이저리그는 다섯 명의 선발투수들을 4일 휴식 로테이션으로 돌린다. 일본은 여섯 명이 돌아가며 일주일에 한 번 던지는 게 보통이다. 이 이틀의 차이가 제법 커서 많은 일본 투수가 로테이션에 적응하는 데 어려움을 겪었다.

내가 메이저리그에서 던진 기록을 보면 4일 휴식 후에 낮 경기를 할 때가 야간 경기를 할 때보다 성적이 좋지 않았다. 5~6시간 일찍 하는 것도 차이가 난다는 말이 된다. 에인절스는 오타니가 들어오면 선발투수를 한 명 늘려서 6명이 5일에 걸쳐 등판하는 계획을 준비하고 있다고 한다. 그렇게 해도 메이저리그는 쉬는 날이 거의 없기 때문에 일본에서처럼 일주일에 한 번 등판하기는 어렵다. 선발 로테이션에 들어간다면 일본보다 하루 짧아지는 등판 간격은 피할 수 없을 것이다.

오타니 같은 선수는 방해하지 않는 것을 기본으로!

여기까지는 다소 걱정스러운 이야기였지만, 나 역시 불안보다는 기대가 훨씬 더 크다. 왜냐하면 투수로서 오타니의 완성도는 내가 보기에 아직 30% 정도 밖에 안되기 때문이다. 아직도 그는 성장하는 과정에 있다. 아직은 자신만의 감각으로 제대로 된 투구폼을 만들었다고 보이지는 않는다. 이상하다고 할 정도는 아니지만 자연스럽게 흐르는 듯한 움직임도 아직은 아니다. 시합마다 피칭 동작에 꽤 차이가 있다. 원인은 하체를 사용하는 방식에 있다고 본다.

극단적으로 말하면 오타니의 지금 피칭 동작은 왼발을 내딛고 나서 허리와 어깨가 동시에 회전하는 듯한 움직임이다. 그래서 하체의 힘이 손가락 끝까지 제대로 전달되지 않는다. 그럼에도 불구하고 상체의 힘과 어깨 주변의 부드러운 움직임을 이용해 시속 160km의 빠른 공을 던지고 있다. 왼발을 내딛고 나서 허리, 어깨의 순서로 회전할 수 있다면 지금처럼 상체에 주로 의존하지 않고 온몸의 힘을 제대로 이용해 같은 수준의 빠른 공을 던질 수 있을 것이다. 경기 후반까지 보다 편하게 던질 수 있게 되어서 어깨와 팔꿈치의 부담도 줄어들 것이다. 또한 팔이 늦게 나오면 타자는 타이밍을 맞추기가 어렵다.

앞발을 내딛는 방향이 홈플레이트 쪽이 아니라 약간 오른쪽으로 쏠리는 패턴도 신경 쓰이는 점이다. 오타니는 앞발이 살짝 오른쪽으로 향하는 문제를 상체의 힘으로 보완하고 있다. 이것도 어깨와 팔꿈치에 부담이 된다. 던지고 난 다음 팔로스루(follow through) 동작이 작은 것도 이 때문이다. 이러한 점들을 수정해 나간다면 오타니의 피칭 동작은 더욱 안정되리라 생각한다. 어깨와 팔꿈치에 가해지는 부담도 줄어들 것이다. 신체에 부담을 덜 주면서 던질 수 있으면 회복도 빠를 수밖에 없다. 빠른 회복은 다음 경기에 나설 때까지의 컨디셔닝을 쉽게 해준다.

결국 바이오메카닉스에 기반해 좋은 동작을 만들어 가는 작업은 선수로서의 수명을 늘리는 일이기도 하다.

내가 오타니를 지도하는 방식은 다른 젊은 선수들과 달랐다. '방해하지 않는 것'을 기본으로 하는 메이저리그 스타일에 가까웠다. 코치로서 그를 처음 만난 때가 2016년 니혼햄 파이터스에 복귀했을 시점이다. 가까운 미래에 틀림없이 메이저리그에 갈 거라고 그때부터 생각했다. 그래서 나의 평소 코칭 방식보다는 메이저리그의 방식이 그에게 더 맞겠다고 판단했다. 게다가 오타니는 야수와 타격 연습도 함께 해야 하는 선수였다. 경기 전 연습 때는 투수들의 런닝이 끝나면 바로 타격 연습을 하러 갔다. 나의 '오피스'에서 함께 이야기를 나눌 기회가 적었다. 오타니는 나에게 적극적으로 묻지도 않았다.

하지만 오타니는 스스로를 객관적으로 바라보고 문제점을 파악해 개선할 수 있는 선수다. 내가 제기한 문제점도 잘 알고 있었다. 이상적인 피칭 메카니즘을 만들기 위해 불펜피칭을 하면서도 새로운 실험을 많이 했다. 당연히 시행착오를 거듭할 수밖에 없었다. 그래서 불펜에서 던지는 오타니의 모습은 경기보다 좋지 않았다. 이런 연습은 원래 2군에서 해야 하는 건데 1군 불펜에서 다양한 시도를 하면서도 좋은 성적을 내고 있으니 참으로 대단한 선수임에는 분명하다.

완전히 이상한 방향으로 가는 것처럼 보일 때는 말을 해주었지만 그 외에 대부분은 본인에게 맡겼다. 물론 아직 어리기 때문에 멘탈이 가끔은 느슨해질 때도 있었다. 그럴 때는 다른 코치가 엄하게 지적을 해주었던 모양이다.

내가 생각하는 오타니의 최고의 피칭은 2016년 9월 28일, 리그 우승을 결정지은 날이었다. 1안타 완봉에 15탈삼진. 중요한 경기에서 좋은 경기력을 발휘할 수 있는 정신 상태를 만들 수 있는 능력이 슈퍼스타가 되기 위한 조건이다. 그날 오타니는 기술적으로는 물론이고 엄청난 압박감을 느끼는 상황 속에서도 높은 집중력을 유지하면서 편하게 공을 던지는 모습을 보여주었다. 옆에서 지켜볼 때 완전히 경기와 하나가 된 상태였다. 그날 경기를 보고 나는 오타니가 메이저리그라는 이상에 완전히 다가갔다고 느꼈다.

그는 차원이 다른 선수가 되어 있을 것이다

투수코치의 입장에서 솔직히 말하면 선발 로테이션을 짤 때 오타니는 늘 고민거리였다. 오타니가 선발로 출전하는 날에 맞추어서 로테이션을 바꿔야 하기 때문이다. 이 문제로 구리야마 히데키 감독님과 많은 논의를 하곤 했다. 나는 선발진의 핵심인 1, 2, 3번 로테이션은 바꾸지 않았으면 좋겠다고 주장했다.

일본에서는 상대 팀에 특별히 강한 투수가 있거나, 1위를 다투는 중요한 경기에서는 에이스를 쓰거나 하면서 로테이션을 바꾸는 일이 흔하다. 하지만 그렇게 해서 경기는 이길 수 있을지 몰라도 로테이션이 무너지면 선발진 모두에게 영향을 미친다. 1년 단위로 생각하면 마이너스가 더 크다.

메이저리그 선수들은 대체로 자존심이 높다. 에인절스 구단에서 오타니를 너무 특별히 대하면 다른 선수들에게 부정적인 영향을 미칠 수 있다. 선수들 사이에 불만이 생기면서 오타니가 질시를 받을 가능성도 있다. 오타니를 그냥 하나의 팀원으로 생각하며 기용 방식을 생각해줬으면 좋겠다.

투수코치로서 '타자 오타니'는 아주 믿음직스러운 존재였다. 피칭을 할 때는 하체를 이용하는 방식을 조금 바꿀 필요가 있다고 앞서 말했지만, 타석에서의 오타니는 하체를 기가 막히게 사용했다. 특히 고관절을 쓰는 방식이 천재적이었다. 고관절의 탁월한 움직임으로 좋은 컨택을 만들어 내고, 강한 타구를 당겨서 때려내고, 좌중간으로도 큰 타구를 가볍게 때려 냈다.

부상 때문에 2017년 월드베이스볼클래식(WBC)에는 못 나갔지만 앞선 2016년 11월에 열린 연습경기에서 일본 대표팀 선수 중에 가장 뛰어난 타자는 오타니였다. 네덜란드와 경기를 할 때는 오른쪽 관중석 상단을 맞추는 홈런을 때렸고, 도쿄돔의 외야

천장 틈에 공을 때려 보내는 괴력의 2루타를 쳐내기도 했다. 처음 맞붙는 외국인 투수의 공도 배트의 중심에 맞추는 대응 능력을 보여주었다. 에인절스는 첫 해에는 투수와 지명타자로 오타니를 기용할 계획이라고 한다. 나는 오타니의 타격도 피칭만큼이나 기대가 된다.

오타니가 가진 잠재력은 이루 헤아릴 수 없다. 그가 가진 스케일은 우리가 지금까지 야구에 대해 가지고 있던 상식을 모두 깨뜨릴 만한 수준이다. 나는 그가 일본야구 뿐만 아니라 세계야구 전체의 보물이라고 생각한다. 물론 앞으로도 많은 우여곡절이 있을 것이고 시행착오를 되풀이할 것이다. 서두르면 안 되지만, 지금까지 그의 언행을 지켜본 바로는 그런 걱정은 하지 않아도 될 것 같다. 팬 여러분도 조급하게 결과를 기대하지 말고 지켜봐 주면 좋겠다. 몇 년 뒤에 오타니는 지금과는 전혀 다른 차원의 선수가 되어 있을지도 모른다. 지금보다 더욱 모진 환경에서 메이저리그 선수들과 매일 맞붙는 시간들이 오타니를 더욱 성장시켜줄 것이다. 자신의 목표인 세계 최고의 선수가 되어서, 팬들을 열광시키는 것은 물론 야구의 매력을 전 세계에 알려주길 진심으로 바란다.

오타니는 우리가 야구에 대해
가지고 있던 상식을 깨뜨리고 있다.
그는 야구계 전체의 보물이다.

8장

오래된 상식들을 의심하자

선수가 어릴수록 말을 조심해서

"야! 도대체 몇 번을 말해야 돼! 왜 시키는 대로 안해!"

선수 생활을 해본 사람이라면 감독, 코치로부터 이런 말을 들으며 혼난 기억이 무수히 많을 것이다. 자녀가 야구를 하는 학부모들도 이런 장면을 자주 보았을 것이다. 특히 아직 나이가 어리고 경험이 적은 초등학생이나 중학생을 지도하는 현장에서 이런 말을 자주 듣게 된다.

'선수가 노력을 안해서. 소질이 없어서.'

우리 야구계에는 이렇게 선수 탓을 하는 지도자들이 활개를 치고 있다. 안타까운 일이다. 사실은 반대다. 선수가 못하는 것은 상당 부분 지도자의 책임이다.

쓰쿠바 대학교 대학원에서 스포츠과학을 공부할 때 축구를 가르치는 분과 식사를 하며 이야기를 나눈 적이 있다. 축구계에서는 '선수가 못하는 것은 코치의 책임'이라는 생각이 상식이라고 한다.

'내가 코치의 역할을 똑바로 못해서 선수들의 실력이 이 정도밖에 안되는구나.'

이렇게 여기는 코치들이 많다는 것이다. 그 이야기를 듣고 진짜로 놀랐다. 어떻게 보면 지극히 당연하고 맞는 말이다. 자신의 코칭이 통하지 않았다는 사실과 미숙한 지도 방법 등 스스로 져야 할 책임들을 어린 선수들 탓으로 돌리면서 화를 내는 코치들이 많다. 조금만 생각해보면 무척 부끄러운 일이다. 이걸 깨닫지 못하는 지도자들이 너무나도 많다.

  이것 말고도 아마추어에서 하는 지도 방식에는 문제가 많다. 대학원 수업의 일부로 중학교 클럽팀에 인턴으로 참가해 어린 선수들을 지도한 적이 있다. 여름방학 기간에 2주 동안 임시 코치를 맡았다. 초등학생과 중학생을 지도하는 것은 프로선수를 지도하는 것보다 훨씬 어렵다. 중학교 1학년 나이에는 아직 성장기가 오지 않은 어린이 같은 친구들도 많다. 그러다가 3학년이 되면 키가 훌쩍 커지기도 한다. 같은 학년이라도 선수마다 성장 속도, 체격, 체력이 완전히 다르다. 내가 코치로 참여한 클럽팀은 가지고 있는 야구 기술의 차이도 제법 컸다. 수준이 높은 아이가 있는가 하면 아직 야구를 시작한 지 1년도 채 되지 않아 많은 것들이 엉성한 아이도 있었다. 야구 실력은 많이 떨어지지만 야구를 너무나 좋아해서 하는 아이도 있었다. 나는 각각의 아이들에 맞는 방법을 고민해야 했다. 나로서는 정말 좋은 경험이었다.

  프로야구의 세계에서 코치와 선수는 어른 대 어른으로 대화를 한다. 하지만 유소년 선수와의 대화는 많이 다르다. 선수의 나이가 어릴수록 메시지를 정확하게 전달하는 방법에 대해 잘 생각해야 한다. 말 한마디 한마디를 곱씹어보고 어떻게 하면 코치의 생각을 잘 전달할 수 있을지를 고민해야 한다. 말투도 나이에 따라 신중하게 선택해야 한다.

또한 야구에서 기초를 익히려면 반복훈련을 해야 한다. 하지만 어린 선수들에게 같은 연습만 계속 반복시키면 질려버리게 된다. 선수가 집중을 하지 못하면 연습의 효과도 떨어질 수밖에 없다. 어린 선수를 지도하는 코치는 반복만을 외칠 것이 아니라 선수가 연습을 하고 싶게끔 만드는 방법을 고민해야 한다.

같은 연습만 반복하면 선수는 집중력이 떨어진다.
나이가 어릴수록 연습을 하고 싶게 만드는 방법을
코치는 고민해야 한다.

앞서 말한 것처럼 체력이 어느 정도 뒷받침되지 않으면 습득할 수 없는 기술도 있다. 신체의 발달 단계를 무시하고 그러한 기술을 가르치려 들면 부상으로 이어진다. 지도자가 지나치게 욕심을 부리면 대단한 재능이 사라지게 될 수도 있다. 어린 선수들을 잠깐 지도하며 이러한 점들을 제대로 느낄 수 있었다. 어린 선수들의 신체 발달과 심리 등에 대한 지식이 없으면 그 나이에 맞는 지도를 제대로 할 수 없겠다는 점을 실감했다. 프로선수를 상대하는 코치보다 폭넓은 지식이 요구되는 자리가 유소년 코치다.

혼나지 않으려고 열심히 하게 되면

아마추어 야구계는 폭력 금지, 페어플레이, 인성 교육 등을 지도 방침으로 삼고 있다고 한다. 하나하나 다 중요한 테마다. 하지만 실제 현장을 들여다보면 이런 가치들이 제대로 구현되고 있는지 의문이 든다. 잊을 만하면 폭력을 저질러 처벌을 받는 지도자에 관한 소식이 들린다. 정말 안타까운 일이다. 물리적으로 폭력을 사용하지는 않지만 선수에게 일방적으로 자신의 생각을 강요하거나 윽박을 지르는 지도 방식도 아직 많이 눈에 띈다.

우리 때는 '세상에서 가장 무서운 사람은 감독님'이라고 말하는 친구들이 많았다. 야구가 좋아서가 아니라 감독에게 혼나지 않으려면 잘해야 했다. 이 말에 공감하는 선수들이 많을 거라 생각한다. 최근에는 이런 분위기가 그래도 많이 사라졌다고 생각은 하지만 워낙 뿌리 깊은 문화라 일부에서는 여전히 남아 있다.

감독, 코치가 무서워서 열심히 해야 하는 분위기에서는 선수가 스스로 생각하고 행동하는 습관을 만들 수 없다. 그런 문화에서 자란 선수는 누가 지시를 하지 않으면 아무 것도 하지 못한다. 지도자의 눈치만 보게 된다. 이름을 밝힐 수는 없지만 특정 고등학교와 대학교 출신 선수들이 이런 경향이 강하다. 그런 선수들은 프로에 입단하더라도 바로 벽에 부딪히며 정체되는 모습을 많이 보아왔다. 선수 스스로 생각하고 주도적으로 문제를 해결하는 능력을 중요하게 여기는 나에게는 그런 일방적인 지도 방식이 마음에 들지 않는다.

> **지도자가 무서워서 열심히 하는 선수는 주도적으로 사고하고 행동하는 습관을 만들 수 없다. 늘 지시를 기다리는 선수가 된다.**

고등학교에만 해당하는 이야기도 아니다. 중학교와 초등학교 야구팀에는 승리와 우승에 집착한 나머지 어떻게 해서든 연습을 많이 시키려고 하는 지도자들이 제법 많다. 그런 지도자들은 어떤 연습을 왜 해야 하는지를 설명해 주지 않고 "이렇게 해! 저렇게 해!" 하면서 무조건 많이 시키고 본다. 신체적으로, 그리고 정신적으로 그런 혹독한 훈련을 견뎌낸 일부 선수가 살아남아서 명문 고등학교로 진학해 같은 경쟁을 또 반복한다. 그런 문화에서 성장한 선수는 스스로 생각하는 힘을 기를 수 없다. 지시를 기다리는 게 습관이 된다. 아마추어 때 어떤 지도를 받아왔는지에 따라 프로에 들어와서의 커리어도 크게 달라진다.

미국의 어느 대학교에서 스포츠팀을 대상으로 연구를 한 논문을 읽은 적이 있다. 선수를 다그치는 지도 방법으로 성과가 나왔다는 내용의 논문이었다. 다만 이것은 3개월 정도의 짧은 기간 동안 진행된 연구였다. 코치가 무서우니까 열심히 하는 것은 순간적으로는 효과가 나타날 수 있다. 하지만 장기적인 동기부여가 되지는 않는다. 중고등학교는 각각 3년이다. 중고등학교 지도자들은 '이렇게 가르치니까 선수가 성장하더라' 하는 저마다의 성공 경험이 있다. 그래서 자신이 성공했던 방식을 계속해서 사용한다. 하지만 졸업한 선수들이 어떻게 되는지에 대해서는 그 지도자가 책임을 지지 않는다.

일본야구는 어릴 때부터 이기려는 집착이 무척 강하다. 물론 이기면 기쁘다. 그리고 이기기 위해 최선을 다해야 한다. 하지만 스포츠를 하면서 누리는 기쁨과 경험은 꼭 승리를 통해서만 얻을 수 있는 것은 아니다. 패배를 한 팀이라도 경기를 돌아보면 곳곳에 빛나는 플레이가 숨어 있다. 내가 최고의 플레이를 했더라도 상대가 나의 실력을 가볍게 웃도는 일도 흔하게 일어난다. 아무리 최선을 다해도 승리를 보장받을 수가 없는 것이 스포츠다. 어린 선수들은 스포츠를 하며 인생의 그런 부조리를 배울 수 있다. 때로는 분한 감정이 경기를 이기는 것보다 더 큰 동기부여가 되기도 한다. 또 야구와 같은 팀스포츠를 하면 인간 관계를 돈독히 하는 법을 배울 수 있다.

그런데 지도자가 이런 가치들은 모두 외면하고 오로지 승리와 우승만을 추구하면 선수를 혹사하게 된다. 초등학생 때부터 변화구를 많이 던지게 하는 지도자도 있다. 토너먼트 시합이면 후보 선수를 적절히 기용하지 않고 일부 주전 선수들만 계속해서 경기에 내보낸다.

**최선을 다해도 실패할 수 있다는 인생의 한 면을
스포츠를 통해 가르칠 수 있다.**

이러한 환경은 앞으로 야구를 시작하게 될 어린이와 자식에게 야구를 경험하게 해주고 싶은 부모들의 눈에 어떻게 보일까? 연습하는 모습을 보니 지도자의 화난 목소리가 경기장 곳곳에 울려 퍼지고, 어린 아이들은 잔뜩 주눅이 든 모습으로 감독,

코치의 표정을 살피면서 야구를 한다. 주전이 된 선수들은 무리한 출전을 계속 하며 힘들어 하고, 후보 선수들은 경기 내내 벤치에 앉아서 따분한 얼굴로 시간을 보낸다. 할 수 있는 여러 스포츠가 세상에 있는데 이런 모습들이 눈에 보이는 운동을 하고 싶을까? 다른 스포츠를 견학가서 다들 즐겁게 뛰고 있는 모습을 본다면 바로 야구를 떠나지 않을까? 나는 이대로라면 야구가 다음 세대에 외면당하지 않을까 하는 위기감을 크게 느낀다.

지금도 프로야구는 일본에서 가장 인기 있는 스포츠다. 구장에는 날마다 많은 팬들이 찾아오고 선수들에게 뜨거운 응원을 보내준다. 각 구단도 다양한 이벤트와 캠페인을 하면서 팬들의 수를 늘리기 위해 노력하고 있다. 하지만 야구를 시작하는 어린이의 숫자가 급격히 줄고 있다. 그러면 당연히 야구 선수의 수도 줄어들 수밖에 없다. 미래의 프로야구에 치명적인 일이다. 물론 저출산, 고령화라고 하는 메가트랜드의 결과라고 볼 수도 있지만 지도자들이 구태의연한 지도를 계속 하고 있는 것도 적지 않은 영향이 있다고 생각한다.

코치들의 교류가 야구를 발전시킨다

옛날에 가르쳤던 방식이 아직도 버젓이 사용되고 있는 것은 프로-아마 갈등의 영향이 크다고 생각한다. 대학원에 입학하기 전에 아마추어 자격회복 강습을 받았다. 프로야구 출신 선수가 고등학교나 대학교의 지도자가 되기 위해서 필요한 절차다. 아마추어 지도자가 되려고 했던 것은 아니었다. 앞으로 선수들을 지도하는데 도움이 될 만한 공부를 하고자 하는 마음이었다. 이 강습을 받고 처음으로 프로와 아마추어 사이에 있는 오랜 갈등에 대해 자세히 들여다보게 되었다.

프로쪽 강습을 하루 받고 아마추어쪽 강습을 이틀 받은 다음 심사를 통과하면 아마추어 자격은 회복이 된다. 전에는 교사 자격증을 따고 2년 동안 교단에 서야 한다는 등의 조건이 있었다. 참고로 나는 그 후에 프로야구팀으로 복귀했기 때문에 아마추어 자격을 다시 상실했다.

왜 이런 번거로운 아마추어 자격회복 제도가 있을까? 오랜 세월 동안 한번 프로가 된 사람에게는 아마추어와 관련된 일이 허용되지 않았기 때문이다. 문제의 발단은 50년도 전으로 거슬러 올라간다. 프로에서 아마추어 선수들을 돈을 써서 빼가는 일이 반복되며 프로와 아마야구의 관계가 나빠지기 시작했다. 그러다가 1961년에 있었던 야나가와 사건을 계기로 아마야구는 프로 출신의 아마추어 야구계 복귀를 거부하게 된다. 지금은 조금씩 서로 다가가고 있지만 둘 사이의 벽은 여전히 남아있다.

강습을 받으면서 절실하게 느낀 점은 프로든 아마추어든

선수가 가장 큰 피해를 입고 있다는 점이다. 교류가 금시되어 있기 때문에 프로에서 습득한 기술, 지식, 연습 방법 등이 아마추어 야구쪽에 전해지지 않는다. 야구라는 경기의 최첨단에 있는 곳이 프로야구다. 하지만 프로에서 쌓은 정보들이 아마추어 선수들에게는 전혀 전파되지 않는다. 일본 야구계의 발전을 가로막는 큰 문제다. 다른 종목에서는 아마 이런 일이 없을 거라 생각한다.

그리고 아무리 프로 출신이라고 해도 은퇴 후에 제2의 인생을 사는 것은 만만치 않다. 방송 해설자나 프로팀의 코치나 직원이 되는 사람은 극히 일부다. 그 밖의 대부분의 선수들은 저마다의 재능을 살려 다음 인생을 살아나가야 한다. 그런데 아마추어 야구와의 교류가 원활하지 않기 때문에 자신이 가장 자신 있는 분야를 살릴 수가 없다. 프로와 아마추어 모두에 아주 불행한 일이다.

내가 1984년에 프로에 입단할 때는 아마추어와는 일절 관련되어서는 안 된다는 이야기를 막연하게 들었을 뿐이다. 무엇을 하면 위반이 되는지에 대해서도 잘 몰랐다. 좌우지간 멀리할 수밖에 없었다. 모교 야구부를 방문하고 싶어도 전혀 얼굴을 내비칠 수 없었다. 그러다 보니 자연스럽게 관계가 소원해졌다. 은사이신 비토 다다시 감독님께서 2011년에 돌아가셨는데, 감사하다는 말씀도 제대로 드리지 못했다. 정말 후회하고 있는 일이다.

프로선수라면 자신을 키워준 모교나 아마추어 야구계에 공헌하거나 은혜를 갚고 싶은 마음이 크다. 물론 문제의 발단은 프로 쪽에 있었다. 2000년대로 넘어와서도 '간식비'라는 명목으로 유망주 선수에게 돈을 주는 등 도의에 맞지 않는 행동을 해왔다. 이러한 역사가 있기 때문에 아마야구에서도 규제를 전면적으로 푸는 것은 신중하게 결정할 수밖에 없다고 생각한다. 그렇지만 여러 선배님들의 노력으로 조금씩 관계를 회복하여 많은 프로 출신들이 아마추어 자격을 다시 얻는 데까지 왔다. 이러한 흐름을 계속 이어 가서 선수들이 좋은 방향으로 갈 수 있도록 서로 노력했으면 좋겠다.

야구계 모두가 지혜를 모아서 단계적인 코칭이론 체계를 만들면 어떨까? 일본에는 여러 아마추어 단체가 있는데, NPB의 커미셔너가 중심이 되어서 코칭이론 체계를 정비해 나갔으면 한다. 10살까지 신경써야 할 것들, 16살 무렵에 해야 할 운동 등 선수의 성장 단계별로 큰 틀을 만들면 좋겠다. 변화구는 언제부터 가르치면 좋은지 등도 포함되면 좋을 것이다. 미국에서는 메이저리그(MLB)와 미국야구연맹(USA baseball)이 힘을 합쳐 '피치 스마트(pitch smart)'라는 유소년 선수들을 위한 부상 예방 지침을 만들었다. 22세 이하 아마추어 투수를 대상으로 나이에 따른 권장 1일 투구수와 휴식일을 명시하고 있다.

축구를 비롯한 다른 종목은 대부분 지도자 자격증 제도를 운영하고 있다. 자격증까지는 아니더라도 지식과 경험을 공유할 수 있는 시스템은 어느 정도 필요하다고 생각한다. 우선은 지도자들끼리 서로 교류할 수 있는 기회가 많아져야 한다. 미국에서는 매년 1월에 미국 전역에 있는 코치들이 미국야구코치협회에서 주관하는 컨벤션에 모여서 여러 코치들의 이야기를 듣는다. 성공사례를 다룬 강연도 듣고 참가한 코치들끼리 복도에 서서 대화를 나누면서 자신의 코칭을 되돌아본다.

우리의 현실을 보면 프로에서도 코치들끼리의 교류는 적은 편이다. 팀에 있던 코치가 떠나고 다른 코치가 오면 선수에게 완전히 다른 말을 하는 경우도 많다. 만나는 코치마다 다른 이야기를 하면 선수는 혼란스러울 수밖에 없다.

니혼햄 파이터스에서는 최근 들어 모든 선수들의 특징, 과제, 성격 등을 코치들이 함께 공유하려는 움직임을 시작하였다. 잘됐다는 생각이 들면서도 한편으로는 '이제서야 시작하는구나!' 하는 아쉬운 마음도 든다. 소프트뱅크 호크스에서는 1, 2, 3군 투수 코치가 한 달에 한 번 모여서 미팅을 하며 각자의 생각을 듣곤 했다.

또 하나, 내가 만들고 싶었던 것은 선수 차트다. 구도 기미야스 감독님도 같은 생각을 가지고 있었다. 선수의 장단점이나 성격은 물론이고 지금 어떤 문제가 있으며 그걸 해결하기 위해 어떤 연습을 하고 있는지 구체적인 내용이 담겨 있는 차트가 있으면 코치로서 매우 유용할 것이다. 선수가 1군에서 2군으로 내려가거나, 2군에서 1군으로 승격될 때 이 차트만 보면 어떤 상태인지 한 번에 알 수 있다. 코치가 누구든 선수가 지금 무엇을 해야 하고, 실제로 어떤 연습을 하고 있는지를 알 수 있어서 일관성 있는 지도를 할 수 있다. 이런 차트를 잘 활용하면 엉뚱한 주문으로 선수를 혼란스럽게 하는 일은 많이 줄어들 것이다.

과학이 상식을 새로 만들고 있다

과학의 발달로 야구와 관련된 연구는 나날이 발전하고 있다. 지금까지의 상식이나 '옛날부터 그렇게 해왔어' 하는 것들 중에는 사실이 아닌 것들이 제법 많다. 예를 들어 우리는 투수가 팔을 '휘두른다'고 보통 표현한다. 투수 자신도 '강하게 팔을 휘둘렀다'고 말한다. 그런데 바이오메카닉스의 관점에서 보면, '휘두른다'기보다는 '휘둘린다'는 표현이 맞다. 팔을 잘못 휘두르면 힘이 들어가서 제구가 흔들린다.

경기를 보다 보면 포수가 투수를 보고 팔을 휘두르는 제스처를 할 때가 있다. 하지만 프로에 있는 왠만한 투수들은 팔을 휘두르는 동작을 감각으로 알고 있는 것이지 팔을 '휘두르자'고 생각하며 공을 던지지는 않는다. 오히려 그런 제스처로 인해 팔을 일부러 휘두르려고 하다가 높이 뜨는 공을 던지게 된다. 고교야구와 같은 아마추어 경기를 보면 그런 모습을 자주 보게 된다.

말이 나온 김에 나는 포수의 제스처에 대해 알아본 적이 있다. 대학교 선수들을 대상으로 포수가 팔을 휘두르는 제스처와 양손을 밑으로 내리며 낮게 던지라는 제스처를 했을 때 피칭의 결과가 어떻게 변하는지를 알아보았다. 내가 내린 결론은 아무 것도 변하지 않는다는 것이다. 특별히 피칭의 내용이 포수의 제스처로 인해 좋아지거나 나빠지지 않았다. 괜히 투수의 기분만 상하게 할 수 있으므로 그런 액션은 안 하는 편이 좋다고 생각한다.

무거운 배트를 사용하는 방식에도 오해가 있다. 무거운 배트로 몇 번 스윙을 한 다음에 원래 쓰는 배트로 스윙을 하면 스피드가 빨라진다고 하고, 선수들도 실제로 그렇게 느끼는 경우가 있다. 하지만 연구에 따르면 그것은 착각에 불과하다. 실제로 스윙 스피드는 변하지 않거나 오히려 조금 떨어지는 것으로 밝혀졌다. 실제로 스윙 스피드를 높이기 위해서는 가벼운 배트를 휘두르는 연습이 더 도움이 된다. 운동신경과 관련이 있기 때문이다.

'옛날부터 그렇게 해왔어' 하는 것들 중에는 사실이 아닌 것들이 꽤나 많다.

코치라는 직업의 딜레마

나의 코칭은 선수가 스스로 생각하고, 스스로 문제를 해결하는 힘을 기르게 하는 것이 목적이라는 이야기를 이 책을 통해 반복해서 해왔다. 이런 코칭이 잘 통해 성공한 선수는 '스스로 고민하고 노력했기 때문에' 성공했다고 믿기 쉽다. 코치가 보이지 않는 곳에서 성공으로 이끌어주었다는 사실을 알아차리는 선수는 드물다. 그렇게 자신의 노력으로 성공했다고 믿는 선수는 바로 좋은 코치가 되기는 어려울 것이다.

돌이켜보면 나도 코치로부터 들은 말 중에 생각나는 게 거의 없다. '그 코치님이 이렇게 가르쳐 주신 덕분에 이렇게 발전했다'고 할 만한 장면은 거의 기억이 나지 않는다. 앞서 말한 오기 감독님의 말씀과 메이저리그에 간 직후에 뉴욕 메츠의 투수코치가 건넨 말 정도다.

"나는 요시이 너에 대해 잘 모른다. 너를 가장 잘 아는 것은 너 자신이니까 너에 대해 가르쳐 주면 좋겠다."

일본에서는 그냥 코치가 시키는 대로 하루에 300~400개씩 던지면 좋은 투수가 되는 것처럼 생각하는 코치들이 많은데, 이와는 사뭇 다른 풍경에 사실 놀랐었다.

하지만 나의 커리어는 온전히 나의 힘으로 만들었다고 생각하고 있었다. 그런데 어쩌면 나의 자주성을 이끌어내도록 티나지 않게 도와준 코치가 있었을 수 있다. 내가 알아차리지 못했을 뿐이다. 코치에게는 자신의 노력이 선수로부터 제대로 인정받지 못하는 그런 딜레마가 있다.

> **대부분의 선수는 자신의 성공에
> 코치가 어떤 도움을 주었는지 인식하지 못한다.
> 코치는 자신의 노력이 선수로부터 제대로 인정받지
> 못하는 딜레마를 받아들여야 한다.**

프로든 아마추어든 지도자가 되려면 전문적인 공부를 반드시 해야 한다고 생각한다. 또한 반짝 한 때 하고 마는 것이 아니라 '늘 배우는 습관'이 중요하다. 나는 비시즌도 바쁘게 보낸다. 니혼햄 파이터스의 모든 경기를 영상으로 다시 보면서 우리 팀 투수들의 피칭을 분석한다. 2017년부터는 구단이 모든 경기를 다시 볼 수 있는 편리한 프로그램을 만들어 주어서 태블릿과 씨름하고 있다. 경기를 할 때는 벤치에 있기 때문에 투수의 동작이나 공의 움직임을 옆에서 보게 된다. 공의 높낮이는 잘 보이지만 어디에 들어갔는지 정확한 코스까지는 알 수가 없다. 영상을 계속 보고 있으면 벤치에서는 보기 힘든 새로운 사실을 많이 발견할 수 있다.

대학원에서 2년 동안 배우다 보니 야구를 더욱 깊이 알고 싶어졌다. 그때까지 전혀 몰랐던 분야에 대해서도 호기심이 솟구쳤다. 스포츠과학을 연구하는 분들을 알게 되면서 관련 인맥도 많이 생겼다. 석사과정을 마친 후에도 연구 모임이 있으면 적극적으로 참가한다.

2016년 우승 기념 여행도 나는 가지 않았다. 1년 전에 규슈에 있는 대학교 교수님과 만날 약속을 했기 때문이다. 코치에게 '이제 여기까지면 됐어' 하는 종착점은 없다. 현대의 야구와 스포츠는 멈춰 서버리면 눈 깜짝할 사이에 뒤처진다.

대학원에서 공부에 몰입할 때는 이대로 연구를 계속하며 살아도 좋겠다는 생각을 하기도 했다. 하지만 힘들게 배운 스포츠과학의 지식들을 일본 스포츠 최고의 현장인 프로야구에 적용하면 무슨 일이 일어날 지 도전해 보고 싶은 마음이 더 컸다. 일본은 학계와 현장의 교류가 적은 편이다. 학계의 다양한 연구들을 현장에 반영하는 가교 역할을 하고 싶었다.

새로운 이론을 현장에서 실천하고 피드백을 받는 프로세스를 만들고 싶다. 현장에서는 학계의 최신 연구 결과를 적용해 선수의 성장을 도와줄 수 있다. 연구를 하는 입장에서는 생생한 현장 데이터를 얻을 수 있다. 양쪽 모두에게 도움이 되는 일이다.

  코칭의 세계는 수학 공식같이 정해진 답이 없다. 앞으로도 야구의 주인공인 선수들과 얼굴을 맞대고 계속 정진하겠다고 독자분들께 다짐하면서 이 책을 마무리하고자 한다. 경마가 취미라서 경마장에서 마주칠 지도 모른다. (마주(馬主)이기도 해서 나의 공식 블로그는 경마 이야기도 많다.) 골프장에서 만나는 분도 계실 것이다. 야구장이든 경마장이든 내가 보이면 말을 걸어 주시길 바란다. 이 책에 대한 감상과 의견을 들려주신다면 더욱 기쁠 것이다.

출판에 도움을 주신
이영미, 문원, 최성하님께 감사드립니다.

가르치지 않아야 크게 자란다

초판 1쇄 발행 2023년 8월 29일
초판 2쇄 발행 2024년 10월 18일

지은이   요시이 마사토
구성   佐藤恭輔(Kyosuke Sato)
옮긴이   김대현
편집   최승표
디자인   정면, 조재영
펴낸곳   코치라운드

출판등록   2022년 2월 8일 신고번호 제2022-000020호
주소   경기 용인시 기흥구 동백7로 96 2311-103
전화   070-4797-3004
전자우편   choopa3000@gmail.com
홈페이지   www.coachround.com

ISBN 979-11-981407-9-1   13690
책값은 뒤표지에 있습니다.